NACIONALISMO

CONTRA

GLOBALIZACIÓN

MANUEL F. LORENZO

© Manuel Fernández Lorenzo, 2021

I.S.B.N.:978-1-4357-6671-6

Edita:Lulu.com/Morrisville NC27560 (North Carolina)

Printed in United States

Foto de Portada: Javier Muñoz

ÍNDICE

Fronteras y Globalización

España: Imperio y Nación

Autonomías *versus* Federalismo

Crisis de la Democracia Española

NOTA PRELIMINAR

El contenido de este libro fue publicado en mis colaboraciones de artículos periodísticos con los diarios *El Español* y *La Tribuna del País Vasco* desde el 2015 hasta el 2020. He agrupado dichos artículos en forma de secciones temáticas, en tanto que tenían que ver con temas que son debates de actualidad, como la Globalización y el Nacionalismo, que da título al libro, la Idea de España como Imperio histórico y Nación moderna, la crisis de las Autonomías y el problema del secesionismo catalán y la propia crisis de la Democracia española salida de la denominada Transición desde la dictadura de Franco. Creo que hay en ellos una unidad de análisis y diagnóstico político que les confiere cierta unidad como para ser recogidos en forma de libro al servicio del lector interesado.

Fronteras y Globalización

Política fronteriza

Movimientos crecientes de refugiados, emigrantes, pateras, exiliados políticos, terrorismo producto de fanatismos religiosos o culturales, aglomeraciones e intentos de saltos en los pasos fronterizos, etc., copan cada día los titulares en las noticias de los *mass-media*, sobre todo en los países democráticos occidentales, incluida Rusia. No hace mucho estábamos acostumbrados a que los titulares los copasen otras preocupaciones, como el virtual triunfo de la democracia liberal a nivel mundial, sobre el que Francis Fukuyama quiso extraer la conclusión de su "Fin de la Historia", tal como había anunciado Hegel tras la batalla de Jena en la que Napoleón destrozó definitivamente el Antiguo Régimen, representado aun por el Sacro Imperio Romano Germánico. Inglaterra no tuvo entonces más que derrotar al corso en Waterloo para que la Democracia liberal empezase a adueñarse del Mundo. Solo que la entonces imperial Inglaterra chocaría con dos nuevos imperios emergentes, el alemán de Hitler y el soviético de Stalin, para derrotar a los cuales se necesito la ayuda, a la postre decisiva, de la nueva Superpotencia norteamericana.

Con la caída del Muro de Berlín se podía decir que se había demostrado que la Democracia liberal, junto con la Economía de Mercado -como la mejor forma de asignar recursos, aunque se corrigiesen sus crisis cíclicas con Intervenciones de poderosos Estados fiscales, dotados de gigantescas Reservas monetarias-, eran las fórmulas políticas mejores para un desarrollo que aunara justicia social con eficiencia económica. Pero la caída del Muro de Berlín, que condujo al final de los regímenes comunista de la Europa del Este y de la propia Rusia soviética, produjo un efecto excepcional e inesperado en el caso de la antigua Yugoslavia. Allí se originó una cruel guerra civil debida a problemas de fronteras culturales y religiosas, una guerra de nuevo tipo en la que ya no se enfrentaba principalmente la Monarquía con la Democracia, ni el Capitalismo con el Comunismo, sino cristianos occidentales croatas contra cristianos ortodoxos serbios y ambos a su vez contra musulmanes bosnios. Prueba de ello fueron las respectivas solidaridades que impulsaron la intervención en el conflicto de la OTAN, de Rusia y de los principales países musulmanes. En esta ocasión fue el historiador estadounidense Samuel Huntington quien con su famoso "¿Choque de civilizaciones?" quiso corregir el "fin de la historia" de Fukuyama con el pronóstico de la persistencia futura de un nuevo tipo de guerras y conflictos fronterizos para los que la política de la triunfante democracia liberal, a nivel global, no parecía tener respuestas. Es más, podía ser objeto de una nueva amenaza totalitaria tan fuerte y potencialmente extensa como fueron las amenazas del totalitarismo comunista o fascista.

En tal sentido algunos avispados comentaristas políticos han empezado a ver en el Estado Islámico resultante de la llamada Guerra de Irak y de las guerras de Siria, Libia, Yemen, Mali, etc., un núcleo o germen de Estado-Guía de los movimientos islamistas, similar a lo que fue el Estado Soviético surgido de la Primera Guerra Mundial y que se convirtió en el Estado-Guía del Proletariado Mundial, dividido entonces entre partidarios de la moderación y el acceso democrático al Poder (la socialdemocracia de Bernstein y la IIª Internacional) y los partidarios de la revolución violenta (Lenin y la IIIª Internacional). De la misma manera parece hoy que se empieza a dividir el magma musulmán entre radicales y moderados que comparten, sin embargo, el sueño ya no utópico, como era en el caso del Estado soviético, sino el sueño ucrónico de permanecer fuera del tiempo histórico que exige la secularización occidental, que separa los poderes políticos y religiosos, clave decisiva del superior poder y progreso civilizador europeo occidental.

Por ello, las políticas multi-culturalistas de mezcla indiscriminada y sin exigencias claras de aceptación de los principios liberales como principios que delimitan fronteras, no solo políticas o sociales, sino también culturales, se están demostrado peligrosamente erróneas tras los ataques islamistas de terrorismo religioso-cultural, que van aumentando en crueldad y capacidad de hacer daño. De repente nos hemos dado cuenta de que lo que ocurra o deje de ocurrir en nuestras fronteras podría tener consecuencias letales para la propia continuidad y recurrencia de nuestro exitoso sistema de valores occidentales.

Nacionalismo contra Globalización

Los tiempos están cambiando en el panorama político ideológico. Se dice ahora que la tradicional oposición derecha/izquierda, basada en criterios de lucha económica, está siendo sustituida, como se ha visto en la victoria inesperada de Donald Trump, y más claramente en la de Macron en las elecciones presidenciales francesas, por la oposición entre los partidarios de la Globalización y los Nacionalistas o Soberanistas contrarios a ella. Los partidarios de la Globalización serían ahora la izquierda frente a los Soberanistas que serían la nueva derecha o derecha alternativa, como, por ejemplo, empezó a denominársela en Alemania.

Pero esta nueva caracterización de la situación política mundial es todavía muy intuitiva y requiere un tratamiento conceptual más profundo que nos permita una valoración más segura del panorama político en el que tenemos que desenvolvernos en las próximas décadas. Pues, como decía Einstein, en estos casos lo más práctico es una buena teoría. Por ello, como hacían los platónicos, hay que alejarse del mundo de las opiniones controvertidas del mundo de las apariencias para regresar a las estructuras esenciales, las cuales no se captan con la mera intuición sensible, sino con el pensamiento conceptual.

La estructura esencial de la política es el Estado. Debemos, entonces, volver a preguntarnos: ¿qué es el Estado? Aquí podríamos acordarnos del cuento indio que nos relata el filósofo árabe Algacel: unos ciegos hablaban de un elefante según su experiencia. El que palpó su oreja dijo que era un cojín; el que palpó su pata, dijo que era una columna; y el que tocó el colmillo dijo que era un cuerno enorme.

De la misma manera, a principios de las concepciones modernas del Estado, el filósofo inglés Thomas Hobbes dijo que el Estado era un gran animal (Leviatán), que nos libraba de la guerra civil "de todos contra todos" y cuyo fundamento residía en el Pacto político entre el Soberano y sus súbditos. Locke y Montesquieu desarrollarían la estructura de ese Pacto en un sentido liberal, democrático y más funcional, que perdura hasta hoy en las triunfantes y poderosas democracias liberales.

Pero esta concepción sólo vio el aspecto que Marx llamó super-estructural del Estado pues, para este, lo fundamental del Estado, la clave que explicaba su funcionamiento, estaba en otro lado, en la base económica. No bastaba el Estado de Derecho, sino que, sin Estado de Bienestar Social, volvería la temida guerra civil. Así ocurrió en la Revolución Rusa y su consecuencia, la llamada Guerra Fría, de la que se empezó a salir cuando USA abandonó el dogma liberal de no intervención del Estado en la Economía y se fomentó el Estado del Bienestar en Europa.

Tras la derrota de la URSS viene la llamada Globalización, permitida por la caída del Muro de Berlín y fomentada por la Superpotencia vencedora, USA. Pero la Globalización, que considera que el Estado debe ser Estado de Derecho Universal y Economía sin Fronteras, lejos de garantizar un progreso político y un bienestar económico, está produciendo crisis mundiales de dimensiones aún más aterradoras que las antes vistas: la crisis bancaria que empezó en USA, la descolocación del empleo con la amenaza de pauperización de las clases medias occidentales, la crisis política de Afganistán, Irak y de la llamada Primavera Árabe, de la que resulta el terrorismo islámico que amenaza USA y Europa, etc. De ahí que aparezcan nuevos movimientos políticos como la Derecha Alternativa, que empiezan a decir que el Estado es fundamentalmente el territorio, la tierra de nuestros padres (Patria), de nuestras tradiciones, idiomas y costumbres.

Este resurgir del nacionalismo es ambiguo porque, como en los casos anteriores, padece de nuevo de una ceguera parcial. Pues decir que el Estado es la Patria es una verdad parcial que no se debe sustancializar, sino que hay que tratar de hacerla compatible con las otras verdades parciales que se han ido estableciendo histó-ricamente, la Democracia y el Bienestar económico. Pero para eso se necesita una nueva Teoría del Estado, más amplia, omnicom-prensiva y compleja que las tradicionales procedentes del Libera-lismo y del Marxismo.

¿Dónde están los nuevos filósofos que nos iluminen al respecto? Mal momento para localizarlos, pues las figuras internacionales tenidas todavía por los últimos grandes pensadores, como los Foucault, Derrida, Habermas, Lakoff, etc., no nos sirven para esto. Pero, en la misma España, ¿hay algún filósofo que nos pueda ayudar a pensar esta nueva situación? Yo solo puedo señalar a Eugenio Trías, quien centró su reflexión en torno precisamente a la Idea de Límite o Frontera. Puede ser útil para introducirnos en esta nueva forma de pensar el Estado desde la Frontera, desde lo que él llamaba el limes del Imperio romano. Y también a Gustavo Bueno, con su Modelo Canónico de Estado.

Filosofía de la Frontera

La globalización pretende crear una sociedad sin fronteras por medio de instituciones civiles, tipo Médicos Sin Fronteras, Reporteros Sin Fronteras, Empresas Transnacionales, Monedas Digitales (Bitcoins), etc. Pero, al pretender igualmente el trasvase de poblaciones (exiliados, emigrantes, refugiados) y capitales (deslocalización de empresas, Tratados de Libre Comercio, etc.) sin control de los Estados, está destruyendo las Sociedades de Bienestar Occidentales abriendo profundas crisis políticas, como las que estamos viendo en USA y Europa.

Al relajar la vigilancia fronteriza en los bordes de la propia UE, al alimón con las llamadas a la emigración, que hicieron dirigentes políticos como Zapatero o Angela Merkel, y con las guerras de Irak, Libia y Siria, la situación se hizo incontrolable y explosiva con la irrupción en la propia Europa de un terrorismo islámico inesperado que nos amenaza gravemente a todos nosotros, ciudadanos de a pie, ya seamos habitantes de ciudades cosmopolitas o rurales de Texas.

Por eso constatamos que no todas las fronteras son iguales. Eliminar el control de personas en Irún no tiene las mismas consecuencias que eliminar dicho control en Ceuta o en la isla de Lesbos. ¿Qué tipo de frontera son pues estas últimas? Para responder a esta pregunta no nos basta con recurrir a conceptos técnico-administrativos propios de un funcionario de Aduanas. Precisamos algunos conocimientos histórico-filosóficos para abordar con suficiente profundidad la cuestión. Precisamos pues de una Filosofía de la Frontera. En el artículo anterior (Nacionalismo contra Globalización) me referí a Eugenio Trías como el pensador español que centró su reflexión filosófica sobre la Idea de Límite o Frontera -el *limes* romano- enseñándonos a ver que la frontera no es una mera línea o barrera, fácil de borrar, que separa dos territorios, sino que ella misma es algo más complejo e importante. Trías empieza su libro, *Lógica del Límite* (1991) con estas palabras:

"Los romanos llamaban *limitanei* a los habitantes del *limes*. Constituían el sector fronterizo del ejército que acampaba en el *limes* del territorio imperial, afincado en dicho espacio y dedicándose a la vez a defenderlo con las armas y a cultivarlo. En virtud de este doble trabajo militar y agricultor el *limes* poseía plena consistencia territorial, definiendo el imperio como un gigantesco cercado que esa franja habitada y cultivada delimitaba, siempre de modo precario y cambiante. Más allá de esa circunscripción se hallaba la eterna amenaza de los extranjeros o extraños o bárbaros. Estos, a su vez, se sentían atraídos por esa franja habitable y cultivable que les abría el posible acceso a la condición cívica, civilizada, del habitante del Imperio.

Los bárbaros, instigados y hechizados por el imperio, sometían ese *limes* a un cerco a veces difuso, a veces hostil y amenazante, si bien con suma frecuencia se enrolaban en esos ejércitos agricultores que trabajaban y defendían el *limes*. A su vez la metrópolis y su centro de poder temían la irrupción imprevista de algún general victorioso que fuese habitante del *limes* o que pretendiese, desde esta zona estratégica, hacerse con el poder e investirse de la condición de emperador. Había, pues, un triple cerco: el que los bárbaros sometían al limes e, indirectamente, al propio cercado imperial; el que éste sometía a estos peligrosos amigos-enemigos que habitaban el limes, y el cerco que el limes y sus habitantes fronterizos sometían tanto a los bárbaros del más allá como a los *civilizados* del más acá".

El *limes*, la frontera entre Occidente y otras culturas como la Islámica, no es, por ello, una mera raya en la carretera, algo meramente convencional y superficial. Trías atribuye a la Filosofía de la Modernidad esa concepción que él llama negativa, de límite y frontera, "como puro lugar evanescente, convencional y puramente lineal" e intenta con su Filosofía de la Frontera "sugerir un giro verdaderamente *copernicano* en relación con esta noción".

Traducido a los acontecimientos políticos que estamos contemplando, podemos ver como el poder metropolitano lo encarnan hoy las grandes ciudades (Nueva York, Londres, París, Berlín, etc.) en las que, por la apertura incontrolada de las fronteras, surgen barrios enteros de los llamados migrantes, procedentes de sociedades más atrasadas y *bárbaras* que, al no integrarse, las someten a un cerco de rechazo que puede llegar al ataque terrorista organizado en redes dirigidas desde el exterior. A su vez, muchos ciudadanos de a pie, más próximos al campo y al terruño, y menos cosmopolitas, buscan a un líder populista que demuestre sus dotes de salvador cerrando las fronteras a los migrantes y derrotando su red terrorista. No estamos pues ante un pensamiento único globalizador, ni ante un dualismo de buenos y malos, sino ante un triple cerco cuya dialéctica debería presidir los análisis de detalle.

Las Fronteras y el Estado

Hemos visto, con lo venimos diciendo, que debíamos abandonar la idea habitual de ver la frontera como una mera línea que se puede borrar fácilmente, para verla, siguiendo al filósofo Eugenio Trías, como un auténtico territorio en el que se hacen patentes, no solo conflictos o choques culturales, sino también intercambios y trueques varios. Trías pensaba en las fronteras (*limes*) del antiguo Imperio Romano. Hoy podemos aplicar esa visión a las fronteras de Occidente, que debido a la facilidad de los viajes y a la limitación en el uso de la fuerza, son mucho más permeables, con lo que los territorios del *limes* romano se trasladan al corazón de la propia metrópolis, en los barrios de inmigrantes multiculturales de las grandes ciudades. En ellos se da hoy esa compleja dialéctica de "cercos recíprocos", señalada por Trías, entre aquellos inmigrantes que se quieren integrar y los que no, entre los occidentales que ven beneficioso el intercambio con otras formas culturales y los que lo rechazan.

No obstante, la forma de pensar estas cuestiones era en el filósofo barcelonés muy intuitiva o platónica, pues utilizaba figuras o metáforas muy brillantes que ayudan a ver el fenómeno de una forma nueva. Pero a la hora de analizarlo con rigor lógico-histórico se necesita algo más. Se necesita un conocimiento histórico y antropológico bien preciso y actual. Aquí es donde se puede recurrir a la teoría antropológica evolucionista de Darwin, el cual propone, en su obra *El origen del hombre*, la aparición de una mano exenta, tras la bipedestación, como el órgano evolutivo originario de la inteligencia propiamente humana. Pero la mano, vista según la filosofía del Límite de Trías, sería entonces, como extremidad operatoria, un órgano situado en la frontera del cuerpo con el medio entorno, cuyas otras dos partes, el tronco y la cabeza deben ser vistas ahora como alojando preferentemente sistemas terminales o basales (corazón, estómago) y sistemas relacionales (vista, oído, corteza cerebral).

Tenemos así una nueva concepción del hombre muy diferente de la tradicional concepción platónica del alma humana, según la cual ésta estaba dotada de tres partes: la irascible, cuya virtud es la valentía, la concupiscible, cuya virtud es la templanza; y la racional cuya virtud es la sabiduría. De ahí deriva Platón sus conocidos tres componentes del Estado Ideal: los artesanos, cuya virtud es la templanza, los guerreros (el valor) y los gobernantes (la sabiduría). La nueva concepción del Estado, que corresponde, de forma homologa, a la concepción operacional evolutiva del hombre que proponemos, -en tanto que la estructura básica de la actividad humana es establecer relaciones operando sobre términos objetuales-, sería que el Estado tiene tres dimensiones o capas: terminal-objetual (su corazón o base económica), la capa relacional (su superestructura ideológico-política) y la capa operacional por la que se relaciona con otros Estados (la capa fronteriza, que incluye las fuerzas defensivas y el aparato diplomático).

Con ello conectamos con el Modelo Canónico de Estado de Gustavo Bueno, el otro filósofo español del que hablábamos en el apartado Nacionalismo contra Globalización que da título a este libro. Bueno distingue tres capas en el Estado: la capa Basal, que tiene que ver con la base económica, la capa Conjuntiva, relacionada con la Superestructura política, y la capa Cortical, que tiene que ver con las fronteras del Estado (Gustavo Bueno, *El Mito de la Derecha*, Temas de Hoy, Madrid, 2008, p 140). Lo interesante de su teoría es que le lleva a otorgar un papel central al establecimiento de esta especie de "corteza" del Estado que son las fronteras. Pues a diferencia de la Teoría del Pacto Social como origen del Estado, propia de Hobbes y Locke, o de la Teoría de la lucha de Clases de Marx o Rousseau, para quienes el Estado surge para la defensa de la clase explotadora dominante, la posición de Bueno sitúa el origen del Estado en la fijación de las fronteras por la apropiación, por ejemplo, de un territorio de caza por unas tribus frente a otras.

El Estado, como una célula biológica, se constituye por el cierre de un espacio interior frente al exterior, un dintorno frente a un contorno, con la aparición de una corteza o una piel que lo separa e individualiza frente a las tribus salvajes o a otros Estados que surjan del mismo modo. Y así como en relación con la capa político-jurídica ha sido bien establecido su funcionamiento operativo con la división de los tres poderes (ejecutivo, legislativo y judicial) de Montesquieu, y la capa económico-basal ha conseguido sortear las crisis económicas desde la famosa de 1929 conjugando prudencial-mente desde el keynesianismo la mezcla de libre mercado e intervención económica estatal, sin embargo la capa cortical o fronteriza esta todavía sujeta a la contraposición excluyente entre nacionalismo y globalización sin vislumbrarse una posible solución conjugada. Necesitamos, pues, de esta nueva filosofía española por ser la única que plantea de forma novedosa esta nueva cuestión.

Trump y la burbuja de la Globalización

La victoria clara y contundente de Donald Trump frente a Hilary Clinton en las pasadas elecciones a la Presidencia de los EE.UU. ha provocado sorpresa y desolación para los seguidores de la opinión reflejada en la mayoría de los media que, descara-damente, no han mantenido una neutralidad como la prudencia aconseja en estos casos, sino que han tratado de ningunear al candidato que venía de fuera de la cerrada "clase política", que ha ido cristalizando en las últimas décadas en las democracias occidentales, de lo que en España tenemos un ejemplo cercano en lo que se viene denominando de modo visceral la "casta política" o, en la Unión Europea, con los "burócratas de Bruselas.

En EE.UU. eran "los políticos de Washington", incluyendo Demócratas y Republicanos, pues Trump no gustaba a los actuales dirigentes de su partido, que incluso le retiraron públicamente su apoyo para dárselo, como anunciaron los Bush, a su rival. Trump ganó sin embargo contra todo pronóstico y ahora, a toro pasado, es cuando puede resultar más seguro decir porqué ganó y contra

17

quién. La política, en las cuestiones más encarnizadas, siempre es política contra alguien. Por ello debemos tratar de entender el *fenómeno Trump*, con la cabeza y fríamente, dejando de lado en lo posible, nuestras filias o fobias políticas, nuestras simpatías o antipatías personales.

Personalmente, Trump no me produce empatía. Su cara es inexpresiva, como si llevase una máscara. Por eso los psicólogos, que creen poder penetrar en la mente de las personas, han empezado a hablar de su lenguaje no verbal, expresado en sus manos o en sus actitudes corporales, que parecen en contradicción con sus palabras, por ejemplo, cuando se entrevistó con Obama al ser recibido en la Casa Blanca.

No es el *Trump persona* el que nos interesa analizar, sino el Trump que ha ido apoyando el elector que le dio la victoria. Ese elector está nucleado, como se dice, en torno a la América profunda del interior y no en la América de las dos costas del Este y del Oeste. Especialmente se habla de la clase obrera media de la zona de los grandes Lagos (Michigan, Detroit) que es la que ha perdido sus seguros empleos por la globalización económica que ha beneficiado a China y el emergente Sudeste asiático. Una clase media que ha asistido también un crecimiento exponencial de la emigración incontrolada proveniente sobre todo de México y de Centro-América, que entra en competición por los menguantes puestos de trabajo.

Como responsable de sus males han percibido la política de un liberalismo anárquico impulsada por Obama y los Clinton, en connivencia con poderosos empresarios, como George Soros, que preconizan un liberalismo económico global, para el cual era necesario derribar fronteras y aranceles a fin de encaminarse hacia una sociedad más igualitaria y democrática, no solo en cuanto a los derechos individuales, sino también en relación con un relativismo cultural y de género, como se dice ahora, que equipare las normas de grupos minoritarios con las de los grupos mayoritarios, hasta extremos que llevan a la dictadura de lo "políticamente correcto".

En el caso de Europa nos ha afectado el intento propio del intervencionismo democrático de la política de Obama y Hilary de tratar de imponer con decisivo apoyo militar, la democracia en los países afectados por la denominada primavera árabe, pues de ello resultaron guerras y dictaduras islámicas con una ola de refugiados inasumible por la Unión Europea, además de un terrorismo islamista que ataca a la propia ciudadanía europea. La propia EU, como pieza clave del proyecto Globalizador de Obama, se resquebraja con el inesperado *brexit* británico.

Lo que parece ocurrir entonces es que Trump ha pinchado la burbuja de una Globalización sin límite, que se presentaba como encaminada hacia la creación de un Estado mundial, como único centro de poder que podría acabar con los problemas globales del cambio climático, el hambre, las guerras, etc.

En realidad, esa Globalización había provocado una burbuja económica de capitalismo puramente especulativo que estalló con el impago de hipotecas de vivienda en el propio EEUU. Pero será difícil volver atrás hacia el aislacionismo de EE.UU. Por eso se impondrá la necesidad de tener en cuenta, en el futuro, las fronteras de las economías nacionales y las diferencias culturales y civiliza-torias que los fundamentalistas democráticos y representantes del *pensamiento Alicia*, como los denominaba Gustavo Bueno en relación con, el expresidente Zapatero, su clon español, creían poder despreciar en nombre de un humanismo utópico y abstráctamente igualitario. Se impone pues una visión más realista en la superpotencia norteamericana, que podríamos formular, parodiando al propio expresidente Clinton, diciendo: ¡No es la economía estúpido, son las fronteras!

Crisis en la Nueva Roma

Los llamados *grandes relatos*, como eran las previsiones que muchos creyeron *científicas* del final del capitalismo hechas por el marxismo y otros movimientos futuristas, se desprestigiaron con la caída del Muro de Berlín. De ahí que la aparición de nuevas crisis económicas tienda a ser vista por muchos como una situación propia del funcionamiento del capitalismo, como una crisis más, que a la larga podrá ser superada sin modificar esencialmente el Sistema político hoy dominante en Occidente.

Y ello se hace así porque, desde un nivel de análisis puramente económico, se ven muchos árboles coyunturales, pero no se ve el bosque. Para ver el bosque hay que tener una visión de más largo alcance. Ello implica disponer de nuevos *grandes relatos*, los cuales, a su vez, no se construyen de la nada, sino que deben aprovechar las reflexiones válidas que habían alcanzado los anteriores. Por ejemplo, la filosofía de la Historia de la Ilustración defiende el Progreso traído por el Capitalismo y apuesta por la crítica sin límites, la democracia más amplia, los derechos individuales, etc. Como contrapartida, tiene una noción muy pobre de la llamada Edad Media, a la que llegó a calificar, en boca del historiador francés Michelet, como los "cien años sin un baño".

Frente a esta posición, que hoy es dominante en Occidente, asociada al llamado por Francis Fukuyama "fin de la Historia", se abrió paso en el siglo XIX una posición crítica, aunque no enteramente contraria, que fue la filosofía de la historia positivista-romántica defendida por los fundadores del Positivismo Saint-Simon y Augusto Comte. En ella se defendía el Progreso moderno, pero a la vez se buscaba su conjugación con el orden medieval. De ahí vendría también una conclusión interesante: lo que ocurrió en el medievo habría ocurrido en otras épocas de la historia, pues los griegos también tuvieron su medievo, la época de Troya, su época de caballeros (Aquiles) y damas (Elena), de "iglesias y castillos", como decía Ostwald Spengler. Tuvieron también su Renacimiento en los filósofos jonios, milesios, pitagóricos, etc., y abrieron una crisis de inseguridad cultural, política y social en el mundo antiguo que empezaría a cerrarse en el mundo romano, en el momento en que se establecen las bases de lo que será el medievo europeo, vislumbrándose, como dice el Conde de Saint-Simon, una "sociedad orgánica", la denominada sociedad medieval euriopea, más estable y segura, que deja atrás a una "sociedad en crisis".

Los positivistas creían que este proceso, en grandes líneas, se iba a repetir en el mundo moderno. Por tanto, la crisis tiene que tener un Rubicón que marque el paso a una nueva "sociedad orgánica" moderna, más avanzada y humana, no basada ya, por supuesto, en guerreros y sacerdotes, sino en emprendedores industriales y sabios (científicos, filósofos y humanistas) guiados por intereses más trascendentalmente humanos y ya no teológicos. Una sociedad en la que no se esperen ya grandes cambios en las estructuras sociales de poder, lo que posibilitaría una conciencia mayor de seguridad que permitiría disfrutar realmente de la vida, de los placeres cotidianos y sencillos, como hacían los medievales, sin la esquizofrenia o la depresión que caracteriza al individuo moderno.

Aquí salta a la vista el binomio actual europeos-norteamericanos. Ya se ha señalado, después de la caída del Muro de Berlín, a los EEUU como una nueva Roma en el mundo actual, no básicamente militar, sino industrial y tecno-científico, por su aplastante hegemonía económica, política y militar. Pero Roma pasó por periodos muy diferentes y críticos. No es lo mismo la Roma republicana que la Imperial. No es lo mismo la Roma de Nerón que la de Constantino.

La crisis actual, que golpea también a los norteamericanos, profundamente divididos en demócratas del "fin democrático de la historia" y republicanos partidarios del "choque de civilizaciones", ¿sería una crisis similar al paso de la República al Imperio en Roma? ¿Representa la económicamente en ascenso China una especie de futuro Atila o Genghis Khan bárbaro que podría dar al traste con los avances humanistas occidentales? ¿Es la creación de la Eurozona un tema regional que está trayendo más problemas al poder global norteamericano de los que pretendía solucionar en relació con las ambiciones de la "gobernadora" Merkel por trasladar la *city* de Londres a Frankfurt? ¿Existe algo similar a lo que fue el movimiento cristiano en su lucha contra la esclavitud en Roma?, ¿Son los movimientos civiles, como Occupy Wall Street o Podemos un germen de lucha por cambios sociales y culturales que podría conducir a una institucionalización civil de una nueva ideología tan poderosa como lo fue la propia Iglesia cristiana después de San Pablo? No lo sabemos, pero podemos empezar a pensar sobre ello como complemento necesario a las valoraciones puramente económicas que tanto abundan.

El historiador David Engels ha señalado acertadamente en un análisis de Historia Comparada (*Le déclin*, Paris, 2014) las analogías sorprendentes entre muchos fenómenos del siglo II y I antes de Cristo, como la crisis de la familia tradicional, con el aumento creciente de los divorcios y la caída de la natalidad por el auge del individualismo hedonista, la necesidad de una inmigración también masiva que va adquiriendo la ciudadanía romana formando una sociedad multicultural que genera numerosos conflictos de crisis identitaria, cambio de valores, etc. Dichos fenómenos serían equivalentes con los que hoy nos encontramos en la Unión Europea, y que están provocando una profunda crisis. David Engels habla, en su libro de la UE como una nueva versión del Imperio Europeo intentado por Carlomagno, Carlos V, Napoleón o Hitler. Quizás esto está en la intención de gobernantes como Angela Merkel o Macron, pero en realidad la unidad europea actual es un proyecto de la Guerra Fría impulsado por USA, quien todavía es la superpotencia mundial, o al menos líder de la denominada civilización occidental, aunque se habla ya de multipolaridad por el auge de China y Rusia. Precisamente el proyecto multi-cultural de la Europa federal actual fue impulsado poderosamente desde la propia USA por el presidente Obama y financieros como Soros, Rockefeller, el Club Bilderberg, etc., reunidos en un liberalismo impulsor de la globalización económica y social.

Pero tal proyecto amenaza con acabar con el Estado de bienestar occidental, siguiendo el dicho de desvestir a un santo (la clase media occidental) para vestir a otro (los inmigrantes del Tercer Mundo). En tal sentido, el inesperado y espectacular triunfo de Donald Trump, basado en frenar o poner límites a dicha globalización para recuperar los empleos industriales necesarios para salvar el Estado de bienestar en USA, abre una crisis de una violencia no vista en el liberalismo americano. Por ello, la lucha por el poder se está encarnizando hasta el punto de entreverse un "paso del Rubicón" en la política norteamericana y, por extensión en la de los países aliados occidentales, que guarda grandes analogías con el paso de la Roma republicana a la imperial.

En Roma, como señala David Engels, se pasó de una democracia cada vez más corrupta al establecimiento de la dictadura imperial, dada la naturaleza básicamente militar del poder en la Antigüedad. En USA lo que está en crisis y corrupción creciente es la llamada, por Alexis de Tocqueville, democracia americana, analizada por Ortega y Gasset como democracia del imperio sin límite de las masas. Y está en crisis tanto por escándalos económicos como por degeneración de costumbres (drogas, sexualidad, etc.) e incluso vacío de ideas, aumento de la manipulación ideológica, etc. Pero dicha democracia, en las sociedades modernas industriales en que predomina el poder económico sobre el militar, y por tanto la necesidad de mercados con libre competencia, no puede ser sustituida establemente por dictaduras como las de los emperadores romanos, sino acaso por democracias no fundamentalistas, limitadas o autoritarias si se quiere, pero democracias liberales. De ahí el auge de un liberalismo conservador, como el que representa Donald Trump, frente al liberalismo radical globalizador de los derechos de las minorías étnicas, sexuales, etc., que se ha apoderado del Partido Demócrata americano con la influencia de los Clinton y Obama.

Ostwald Spengler y la decadencia de Occidente

Ostwald Spengler fue un filósofo de la Historia alemán, autor principalmente del libro *La Decadencia de Occidente* (1918), de gran impacto y alcance mundial en el Periodo de Entreguerras, pero relativamente olvidado desde la segunda mitad del siglo pasado hasta la fecha.

Ahora, a consecuencia de la interpretación por el historiador norteamericano Samuel Huntington de la pasada guerra de los Balcanes, que llevó a la desmembración de Yugoslavia, y de los ataque a la Torres Gemelas de Nueva York por el radicalismo islámico, como un "choque de Civilizaciones", está volviendo a despertar el interés actual por su concepto de las Civilizaciones como círculos culturales (*Kulturkreise*) irreductiblemente cerrados, que inevitablemente tienden a chocar entre sí cuando entran en contacto. En España fue introducido por Ortega y Gasset, quien impulsó la edición de *La Decadencia de Occidente* en Espasa Calpe (1923) en la magnífica traducción de Manuel García Morente. Ortega se apoyó entonces en Spengler para decir que la llamada Primera Guerra Mundial no había pasado de ser una guerra entre los imperios occidentales (inglés, francés, alemán, ruso y austro-húngaro). No había por tanto sido realmente mundial o global, como diríamos hoy, pues era una guerra interna de la propia Civilización europea sin afectar seriamente a otras grandes Civilizaciones, como la hindú o la China.

En el título de su obra se diagnosticaba la decadencia de la gran Cultura europea que, pasada ya su época clásica, comenzaba a declinar ahogándose en terribles guerras intestinas por intereses puramente económicos y pronosticaba por ello el final de su democracia y la llegada de un poder cesarista despótico. Dicho nuevo poder no serían, en su opinión, precisamente los nazis hitlerianos, que lo condenaron a una especie de ostracismo, pues el "socialismo prusiano" de Spengler proponía una aristocracia meritocrática regeneracionista que no encajaba con la dirección del socialismo nazi integrada mayormente por cuadros de partido brutalmente racistas e ignorantes. Dicho poder sería para Spengler más bien Rusia, la llamada Tercera Roma. Su error más importante fue entonces infravalorar a la otra posibilidad de poder que eran los norteamericanos, un pueblo también joven frente a la decadente y envejecida Europa. El pueblo ruso era visto por Spengler como un "pueblo de pueblos" que llevaría la promesa de una nueva civilización, una nueva Roma. En esto creemos que se equivocó, pues otros ven ahora la Tercera Roma naciente en USA.

Pero, quizás lo que todavía puede perdurar y ser actual de Spengler es su *Historia comparada de las grandes Civilizaciones*, que se han desarrollado a lo largo de la Historia mundial, tratando de obtener algunas leyes históricas que se deducen de las analogías y repeticiones que se extraen de su estudio histórico positivo, según el enfoque que trata de delimitar la "fisionomía" de las grandes Culturas o Civilizaciones históricas. Es lo que podemos constatar en el reciente libro de Carlos X. Blanco, *Ostwald Spengler y la Europa fáustica,* (Ediciones Fides, 2016) en el que el autor trata de volver a leer a un Spengler que sigue siendo famoso, pero que ha sido relegado y postergado en el actual ámbito universitario español. Un Spengler cuyo: "enfoque *fisionómico* de las culturas -se trata de delimitar la 'fisionomía' de sus formas históricas- nos dice que las civilizaciones son mortales, que pueden morir y que tal es su destino común. No son pueblos o épocas, sino culturas, irreductibles las unas a las otras, los motores de la historia mundial. Estas culturas no son creadas por los pueblos, sino, al contrario, son los pueblos los que son creados por las culturas. La Antigüedad, por ejemplo, es una cultura separada, similar pero totalmente distinta de la cultura *fáustica* occidental. Todas las culturas obedecen a las mismas leyes orgánicas del crecimiento y de la decadencia. El espectáculo del pasado nos informa, pues, sobre lo que todavía no ha sucedido".

De este enfoque se deduce que la Civilización Occidental no seguirá progresando indefinidamente como si fuese inmortal, pues ninguna Civilización anterior lo ha conseguido. Lo más razonable es pensar que acabará declinando como las anteriores. Esto no sería un mero pronóstico pesimista, sino un diagnóstico resultado de la observación y el conocimiento histórico, de la misma manera que no nos convertimos en agoreros pesimistas por decir que la vida humana se encamina necesariamente hacia la muerte, pues ello es "ley de vida" a la que no cabe más que resignarse. Más bien nos permite organizar con más realismo nuestro plan de vida y nuestras expectativas futuras de una forma adecuada a la edad en que nos encontramos. El viejo no puede volver a ser joven, pero puede orientar y aconsejar el camino que deberían seguir los más jóvenes.

El europeísmo de Ortega

La crisis del Euro, el *brexit* inglés, la avalancha de exiliados e inmigrantes, han desatado la crítica al Proyecto de Unidad Federal Europea propugnado principalmente por el llamado eje franco-alemán, e incluso, en España, ha empezado a despertar una tradición anti-europea en la que el chivo expiatorio habitual suele ser el filósofo Ortega y Gasset, con su famosa frase "España es el problema, y Europa la solución".

Pero, en el entendimiento de dicha frase persiste lo que consideramos una mala lectura de Ortega. Pues la solución europea para los problemas de España no era, en el filósofo madrileño, una cuestión meramente económica o política, sino educativa o, como hoy se dice, cultural. La "solución europea" era que España se incorporase a la cultura científica y filosófica que modernamente había florecido en los países como Inglaterra, Francia o Alemania, remediando un retraso secular en tales materias. Pues, Ortega pensaba que el progreso y la riqueza de tales países se debía, en una parte sustancial, a su apuesta por la ciencia y la filosofía moderna, mientras que una España intelectualmente decadente y poco modernizada, permanecía en la miseria y el atraso. Esa cultura moderna es la que hoy, con USA a la cabeza, continúa siendo estimulada en los países más desarrollados del planeta, marcando un horizonte de civilización y progreso, aunque no exento de aspectos críticos, como el diagnosticado por Ortega como "rebelión de las masas".

Dicha cultura moderna es la que, tras el despegue como potencia industrial en el franquismo, debía desarrollarse en España con la democracia. Pero no se ha hecho de la forma debida. Pues, lo que se ha producido ha sido el triunfo de una oligarquía de políticos, banqueros y medios de comunicación, caracterizada por la mediocridad de su europeismo utópico, que sueña con ceder soberanía, no importa cuanta, a una Europa Federal. Ortega nunca defendió tal cosa, pues en su concepción de la unidad europea se suponía una fuerte política nacionalizadora en España y no una mera cesión supranacional de competencias estatales. Excesos tales, como la cesión de la soberanía monetaria al entrar en el Euro, nos han conducido a la delicada situación política y económica en que nos encontramos actualmente como país.

Ortega tenía otra filosofía, muy diferente del papanatismo europeísta hoy dominante. Por ello, es preciso recordar, para una mejor comprensión de la frase, que Ortega, en una época posterior a aquella en que pronunció dicha frase, -lo que ocurrió en un discurso de marzo de 1910 en la Sociedad El Sitio de Bilbao-, consiguió liberarse de la influencia culturalista alemana de los neokantianos de Marburgo, y se atrevió a proponer una nueva filosofía, el llamado Raciovitalismo, que contribuyese a superar así mismo la crisis interna de la propia modernidad europea que estalla en 1914 con la Primera Guerra Mundial. Es decir, que Ortega creía, después de tan terrible conflicto, que España, para solucionar sus problemas de atraso y decadencia, no debía modernizarse copiando o imitando meramente las corrientes filosóficas inglesas, francesas o alemanas, sino que debía modernizarse culturalmente lo más originalmente posible, para aportar soluciones filosóficas y culturales nuevas, que permitiesen también a la civilización europea superar la llamada crisis de la Modernidad. Su famoso diagnóstico de la debilidad y escasez de unas élites excelentes sigue siendo una constatación en la España democrática actual, tan ayuna de los mejores y tan llena de numerosas mediocridades con mucho poder.

Era preciso ponerse al día en lo que era la filosofía europea de entonces y por ello llevó a cabo una formidable labor de traducciones y de artículos periodísticos que permitiesen salir a las minorías intelectuales del país de la ignorancia reinante sobre tales materias en las cátedras universitarias, mayormente controladas entonces por el clero. Pero con eso no bastaba. Había que llevar a cabo la aportación española a la filosofía europea. Para eso era necesario la creación de minorías intelectuales formadoras de opinión y de nuevas ideas, que Ortega orientó hacia el Racio-vitalismo, creyéndolo más acorde para la forma de ser de los españoles.

No fue muy lejos en su tarea, debido sobre todo a la crisis que se abrió con la Guerra Civil. Pero, nos gustaría sugerir que quizás Ortega, con todas sus insuficiencias, haya sido una especie de visionario, un Moisés que apunta el camino hacía una Tierra Prometida para España y para la propia Europa, aunque fue condenado a no llegar a pisarla. De momento se le puede reconocer el acierto en la elección de los temas biológicos, vitales, como temas que empiezan a aparecer, en nuestro horizonte del siglo XXI, como profundos y dignos de preocupación para el futuro, como el "cambio climático", la superpoblación, la manipulación genética, el sentido de la vida, etc.

Cuidado con Alemania

El "pueblo metafísico, la patria de "poetas y filósofos". Así le gustaba al filósofo Heidegger denominar a Alemania. Habría que añadir a esto las grandes figuras de la música clásica, Bach, Mozart, Beethoven, Wagner, etc. Con ello Alemania se configuró en el siglo XIX como la superpotencia cultural europea, haciendo sombra a la propia Francia, reina de ilustrados y escritores. Al mismo tiempo, fruto de ese desarrollo de gran creación filosófica y modernización cultural, que empieza con Leibniz y Kant, se produce su indus-trialización y modernización política en el siglo XIX tras las reformas de Prusia, iniciadas por Federico, el llamado "Rey filósofo".

En Berlín, capital de Prusia, vivieron los grandes filósofos que continuaron desarrollando y profundizando, desde la Universidad, la nueva forma de pensar críticamente el mundo que hiciera famoso a Kant. Fichte, Schelling y Hegel fueron entonces las "estrellas" filosóficas que atrajeron la mirada de la Europa culta. Fichte con sus "discursos" para regenerar una nación alemana, otrora gran imperio medieval, que había entrado en decadencia y guerras civiles con la división religiosa entre protestantes y católicos. Schelling con su Filosofía de la Naturaleza que sirvió de guía para el progreso de ramas nuevas de las ciencias naturales, como el electromagnetismo, la Química orgánica o la fisiología. Y Hegel que llegó a ser considerado el Ideólogo oficial de Prusia, por su influencia en la Facultad de Derecho, que aún perdura entre tantos Constitucionalistas y teóricos del Derecho.

Alemania se modernizó porque se produjo la circunstancia de unos ministros y hombres de Estado que empezaron a acudir a las conferencias y cursos de Fichte y de Hegel, como estímulo y guía de sus proyectos políticos reformistas, una rara alianza entre la Inteligencia y el Poder, a pesar de grandes dificultades y fracasos sonados, como el fin de su Monarquía, tras la Primera Guerra Mundial, con la consecuente crisis económica que condujo al Reich hitleriano, y a su derrota militar por los aliados. Pero, cual Fenix, Alemania, con el Plan Marshall y la disciplina "prusiana", resurgió de sus cenizas para convertirse inesperadamente, con la caída del Muro de Berlín, en la "locomotora económica" europea, por la potencia de su industria automovilística y tecnológica. Su tentación actual más peligrosa, por la falta de un contrapeso económico y cultural de calibre semejante, es caminar hacia una especie de IV Reich, transformando la originaria forma Confederal del proyecto de unidad europea, auspiciado por USA, en un proyecto Federal hegemonizado por Alemania.

Hoy Inglaterra, que fue el tradicional contrapeso frente a las ambiciones imperiales continentales de la Francia napoleónica y de la Alemania Guillermina y Hitleriana, ya no está en condiciones de hacer de contrapeso, porque ha perdido su Imperio y además mantiene una política de subordinación política y cultural a USA, la potencia de cultura anglosajona hoy líder. Francia también ha perdido su Imperio y, aunque mantiene un cierto antiamericanismo, su posición económica y cultural parece debilitarse por el ascenso en el liderazgo cultural del mundo "latino" del español como lengua y moda en la música, la cocina, el turismo, etc. Solo quedan España e Italia, entre los países del Sur de Europa que podrían ejercer de contrapeso ante una Alemania con pretensiones de superioridad cultural que, con su decisión de no entregar a Puigdemont a la justicia española, se permite dar lecciones de modernidad y democracia a una España a la que mayormente considera todavía como inquisitorial y atrasada. Italia, sin embargo, aunque tiene fuerza industrial, no es rival cultural por el poco alcance de su idioma.

Podemos pensar mal y considerar que la verdadera razón es que Alemania desea romper España apoyando al "nazismo" catalán para debilitar a un posible competidor. Pero eso también lo podrían desear, a pesar de negarlo diplomáticamente, Inglaterra e incluso Francia. El gobierno actual de Rajoy parece creer que basta con recurrir a la Justicia de la Unión Europea. Pero por la experiencia de anteriores recursos, sabemos que puede ser peor el remedio que la enfermedad. Se necesita por ello, que esos brotes de defensa de la unidad e identidad de España como nación que ha producido de rebote el golpe separatista catalán, se transformen en el surgimiento de una nueva política que no se limite a un quítate para ponerme yo, sino que tales políticos escuchen las propuestas filosófico-políticas de los filósofos españoles del siglo XX, desde Unamuno y Ortega hasta Gustavo Bueno, que han iniciado una crítica y superación de la filosofía alemana tanto la de Fichte o Hegel como la de Marx, de un modo único en Europa, pero que en la propia España han sido silenciados y marginados por los políticos papanatas y corruptos que nos gobiernan desde hace décadas.

A la búsqueda del liberalismo perdido

Empezamos a vivir tiempos revueltos en la política. Nuevos totalitarismos nos amenazan, ahora en la versión de la rebelión de las minorías étnicas, culturales, sexuales, etc. Nos está pasando en España, donde cada vez se constituyen poderes parlamentarios, desde los Ayuntamientos hasta las mismas Cortes, resultado de un equilibrio entre grandes partidos con grupos minoritarios radicales.

Como resultado de ello se forman Gobiernos minoritarios que toman decisiones que pueden ir en contra del sentir de la mayoría de los electores en asuntos que, además, pueden afectar gravemente a la convivencia ciudadana, como se está viendo en el caso de la rebelión separatista de Cataluña.

Hay aquí una tergiversación de la Voluntad General, que como ya sostenía Rousseau, no tiene porqué equivaler a la mera suma de los votos, o Voluntad de Todos. En la democracia española el asunto es grave porque no existe un poder democrático diferente del constituido por los representantes de los partidos en los parla-

parlamentos, autonómicos, locales, o incluso ahora el parlamento nacional. Pues al Rey, como jefe del Estado, solo le corresponden funciones simbólicas de ratificar leyes o funciones de moderación y mera mediación.

Diferente es el caso de una democracia presidencialista como la de USA en la que, como estamos viendo, frente a un Parlamento cada vez más proclive a ceder ante las presiones de minorías, como las culturales o sexuales, introduciendo leyes que pretenden equiparar plenamente derechos de minorías con los de las mayorías naturales, se produjo la irrupción súbita de un Presidente como Trump que surge, según se dice, del voto de la América profunda, del ciudadano libre que rechaza la intervención del Estado en lo que atañe muy de cerca a sus libertades personales, de educación de sus hijos o de sus creencias religiosas. Aquí podemos ver, en la elección directa del Presidente, una limitación democrática del poder parlamentario.

Ya el filósofo inglés Herbert Spencer proponía, en la época de la Inglaterra victoriana, una renovación del liberalismo en la defensa de los derechos individuales, que consistía en que el poder que debía limitarse ya no era el Poder de una Monarquía Absoluta, como en los tiempos de John Locke y de la Revolución Gloriosa, sino el Poder de los Parlamentos, que sustituyen como Soberanos a los Reyes. Porque, decía Spencer, una cosa es quien detenta el Poder (Soberanía) y otro hasta donde llega ese Poder (límites del Poder).

Ortega retomó esta distinción de Spencer y la vio como la única solución para escapar a la crisis de totalitarismo que abrió a principios del siglo XX lo que él denominó, en libro famoso, la "rebelión de las masas". Dicha rebelión no se reducía solo al Comunismo o al Fascismo, sino que podía adoptar otras formas distintas. Una de ellas, creemos que es la que está ocurriendo ahora mismo como "rebelión de las minorías", en la que la propia "rebelión de las masas", que continúa con el entontecimiento cultural propio de la aristofobia de las masas, abre la puerta al igualitarismo utópico y quijotesco de las minorías antes citadas, sin caer en la cuenta de que con ello, lejos de conseguir una mayor igualdad, seremos todos sometidos a las duras y arbitrarias prescripciones que empezamos a ver en lo "políticamente correcto".

Ortega, a diferencia de Spencer, creía que, si la democracia venía efectivamente de los antiguos griegos y de la Inglaterra moderna, el liberalismo procedía de los germanos medievales. Spencer, sin embargo, solo veía en estos el militarismo prusiano, tan opuesto al pacifico y laborioso industrialismo inglés. Pero Ortega ya veía el origen de la insobornable libertad personal moderna en la limitación del fuero feudal frente al poder centralizador del monarca.

Hoy vemos una nueva versión de ese poder limitador en el voto de la América profunda del "cow boy" frente al poder de los políticos de Washington. En tal sentido ni en España, ni en toda Europa, tenemos algo parecido. Inglaterra lo tuvo hasta hace bien poco en sus orgullosa y elitista aristocrácia. Pero hoy, también en ella, la Monarquía es meramente un poder simbólico y la Cámara de los Lores está subordinada a la de los Comunes, en la que rige lo que aquí denominamos "partitocracia".

Por ello lejos de considerarnos como europeos con derecho a mofarnos del fenómeno Trump y de las maneras bruscas o "populistas" de la Democracia Americana, deberíamos volver a pensar por nosotros mismos, aunque con la ayuda, por supuesto de reconocidos grandes pensadores como Spencer y Ortega, la nueva crisis de la democracia liberal a la que nos estamos enfrentando. Pues no solo nos enfrentamos a ella en nuestra siempre tardígrada y atrasada España en estos asuntos modernos, sino que la crisis es, de nuevo, mundial.

El regreso liberal de Mark Lilla

Mark Lilla es un profesor de la Universidad de Columbia que llevaba una vida académica dedicada a la reflexión sobre temas de la historia intelectual europea y, a la vez, como hacemos otros, sintió la necesidad de practicar lo que en España se llama la "extensión universitaria", publicando artículos sobre temas varios de actualidad, en periódicos como el *New York Times*. Pero, uno de esos artículos, en el que criticaba la incapacidad del partido Demócrata norteamericano para ganar a Trump tras abandonar la defensa de los intereses de la mayoría de los ciudadanos estadounidenses en favor de las identidades de grupos minoritarios, raciales, culturales o de "genero", provocó la respuesta airada de la izquierda demócrata tratando al autor de reaccionario, etc., con el consiguiente escándalo mediático.

Mark Lilla, entonces, considerando que debía explicarse mejor, defendiendo su crítica como liberal y no reaccionaria, publicó un ensayo (Mark Lilla, *El regreso liberal*, Ed. Debate) en el que, ante el triunfo inesperado de Donald Trump, culpa a la izquierda demócrata norteamericana por anteponer un liberalismo identitario e impulsar los temas de las minorías de "género", culturales, etc., que atomizaron la idea de una ciudadanía nacional común a los norteamericanos. Además de que, de modo más grave aún, el partido Demócrata de los Clinton y Obama, han dado la espalda a la propia clase trabajadora, dejando que una coalición de tales minorías ocupase el lugar de las tradicionales élites liberales directoras de la política. En Europa, según Lilla, estaría pasando algo similar, con el equivalente de los demócratas norteamericanos que son la izquierda socialista en sus diversas variantes.

Mark Lilla, en la presentación de su libro en España se refirió al problema de la minoría catalana y vasca, que está disolviendo en la izquierda el sentido de la común unidad de la ciudadanía española. Estoy leyendo su libro apresuradamente, constatando para mi sorpresa, como su crítica a la anti-política, que para él representan estos movimientos minoritarios, su peor romanticismo sentimentalista, su falta de *politesse* y de sentido común, es la misma que intenté denunciar en un libro (Manuel F. Lorenzo, *La rebelión de las minorías*, 2006) que decidí publicar yo mismo hace una década, tras enviarlo a algunas editoriales con resultado nulo. El que le interese puede leerlo en Internet. Así empezaba mi libro:

"Un nuevo fenómeno político-social comienza a arribar a nuestras playas políticas provocando una profunda división en el país: la equiparación en derechos y consideración social de las minoritarias uniones entre homosexuales con las mayoritarias uniones heterosexuales. El actual gobierno de Zapatero parece estar dispuesto a que la voluntad de una minoría social homosexual se equipare a la mayoría heterosexual en la consecución de iguales derechos, incluidos los derechos de adopción y crianza de niños.

El fenómeno ocurre en otros países y no es por ello privativo de

España. Por ello para analizarlo a fondo es preciso ir más allá de la mera constatación de enfrentamientos con la Iglesia o con la mentalidad católica tradicional, etc. (…) Pues dicho enfrentamiento no nos parece que sea un episodio más del tradicional choque entre reacción y progreso en la extensión de las libertades individuales o sociales (…) El problema está en que, debido al creciente predominio de la demagogia sobre la democracia, determinados partidos políticos tienden a defender los principios de la democracia como una nueva forma de régimen absoluto en el que la democratización no tiene límites. Es decir, no entienden la democracia al modo liberal, esto es como democracia con límites marcados por la separación y equilibrio de poderes que inventaron Locke y Montesquieu (…) Sino que la entienden como que el ser ciudadano de un país democrático hace a todo el mundo igual, tanto en su derecho a votar, lo cual es ciertamente legítimo, como en cuanto a sus opiniones sobre todas las cosas sin límite ninguno".

Creo que me adelanté en años a la eclosión del tema minoritario, y eso no es bueno. Mark Lilla lo hizo en un mejor momento y su efecto ha sido muy superior. Incluso yo publiqué, en el Blog del Suscriptor de *El Español*, con ocasión de la rebelión catalana de Puigdemont, un artículo titulado "La rebelión de las minorías", que fue uno de los más leídos, según informaciones del propio diario a sus suscriptores. Pero no hubo polémica, quizás porque en España sigue predominando la tradición inquisitorial de silenciar al hereje, ya que hoy no se le puede encarcelar o quemar. Quizás porque no se me considera un hereje importante o no se me quiere dar publicidad. Pero, si mi artículo hubiese provocado un debate con la izquierda, estoy seguro de que lo que ocurriría a continuación sería lo mismo que en USA le ocurrió al profesor Lilla: el intento de desacreditarlo como retrógrado o reaccionario.

La nueva crisis del liberalismo

Nos referimos al liberalismo anglosajón, que es el que se ha impuesto en la modernidad de forma modélica a través de la poderosa influencia política de Inglaterra en el siglo XIX y de EE. UU. en el

XX. Se trata de un liberalismo que defiende los derechos de la persona individual frente a cualquier intromisión que amenace su libertad de acción o de pensamiento. Fruto de esta forma de pensar, cuyo gran teórico fue el filósofo inglés John Locke, fue el llamado Liberalismo económico, el cual defendió el lema clásico anti-intervencionista del *laissez faire, laissez passer*. Dicha doctrina económica es la que impulsó a potencia mundial a Inglaterra, el país que se había adelantado a sus rivales europeos creando la Revolución Industrial, una forma nueva de aumentar exponencialmente la producción de bienes económicos explotando las fuerzas de la naturaleza por medio de tecnologías nunca vistas, derivadas de los descubrimientos científicos.

Pero el liberalismo económico inglés no supo resolver el problema de la creciente pauperización de las clases trabajadoras, lo que condujo a la Gran Crisis mundial de 1929 y al ascenso del movimiento socialista. Una crisis en la que el individualismo protestante plasmado en el liberalismo del *laissez faire, laissez passer*, ha tenido que frenarse con diversas modalidades del intervencionismo estatal, para crear el Estado del bienestar occidental, que superó a los modelos económicos totalitarios comunistas o nazis.

Fue EEUU, la potencia donde habían triunfado las doctrinas económicas inglesas, el país que encontró la salida de tal crisis, primero con la doctrina del New Deal de Roosevelt y finalmente con la aplicación de las doctrinas intervencionistas de Keynes por su primer presidente católico, John Kennedy, el cual las impulsó nombrando por primera vez ministros económicos keynesianos. Con ello se frenó la pobreza del trabajador elevándolo a clase media, con el ascenso a superpotencia de la antigua colonia inglesa, que sustituía a una Inglaterra ya sin Imperio.

El nuevo problema, que está hoy alcanzando su punto crítico, es el de la llamada "nueva izquierda", que surge precisamente en EE. UU. en la década de los 70 con las marchas por los llamados "derechos civiles", lo que hoy denominamos los derechos de las minorías. La democracia liberal se basa en el predominio de la voluntad de la mayoría, pero, a la vez, respetando a la minoría.

En tal sentido el problema nuevo que afrontó el liberalismo democrático de EE. UU. fue el problema de la integración de su gran minoría negra, herencia del pasado colonial inglés. Pues la eliminación del esclavismo por el presidente Lincoln, tras la Guerra de Secesión, no impidió la formación de los guetos negros. Por eso este es el problema más sangrante de EE. UU., que la Nueva Izquierda norteamericana creé poder resolver disolviéndolo en un problema mayor que afectaría a la integración de todas las minorías restantes, sexuales, culturales, etc. De ahí surgen las nuevas ideologías multiculturales y de género que alcanzan una inesperada fuerza con el fenómeno económico y cultural de la globalización.

La fuerza de dicha corriente ha llegado a apoderarse de la dirección ideológica del poderoso partido Demócrata norteamericano. Con ello se han introducido un radicalismo político que toma el aspecto de un nuevo absolutismo denominado "lo políticamente correcto". Por ello, en el comienzo del siglo XXI asistimos a una nueva crisis causada por un individualismo, de raíz protestante, que afecta a la estructura básica de las unidades familiares y estatales occidentales por el ascenso del igualitarismo llamado de género, que equipara en derechos las uniones sexuales de cualquier género, así como los derechos humanos de los inmigrantes con los de los ciudadanos nativos de cada país, en nombre de las ideologías de la Globalización.

Frente a tal liberalismo cabe oponer un liberalismo que llamaríamos de raíz católica. Dicho liberalismo no admite el individualismo absoluto propio de la "rebelión de las masas", ya denunciada por Ortega y Gasset, pues entiende la libertad del individuo condicionada por las circunstancias institucionales, por el respeto propio del católico, a diferencia del protestante, a las jerarquías más sabias, que ayer eran las eclesiásticas, pero hoy son las científicas y filosóficas.

Este es el nuevo liberalismo que puede hacerse fuerte e influyente, si engrana con la forma de pensar y de vivir, igualmente norteamericana, de la creciente minoría hispana de origen católico de EE. UU. Lejos de perjudicar a la poderosa nación norteamericana, podría ser una especie de nuevo New Deal, ahora cultural, para afrontar la crisis abierta entre los nuevos "populismos" a lo Trump y las denominadas minorías radicales de raíz radicalmente individualista y que, por su culto beato a la Globalización, han perdido el sentido de la nación.

España: Imperio y Nación

Modernidad Católica frente a Modernidad Protestante

Se conmemoran este año en Alemania los 500 años transcurridos desde que en 1517 el monje agustino Lutero clavase en las puertas de la catedral de Wittenberg sus famosas 95 tesis, que incendiaron la cristiandad produciendo el cisma que llevó a la separación de los denominados Protestantes de la Iglesia de Roma.

Aquel acto fue trascendental para toda Europa por sus consecuencias, que llevaron a la destrucción del poder católico en los países del Norte de Europa, en los cuales, sin embargo, no logró imponerse una Iglesia Protestante unida, sino que se vieron obligadas a convivir, entonces y hasta hoy mismo, una multitud de sectas religiosas que fueron obligadas a tolerarse recíprocamente por los poderes políticos correspondientes. Esa tolerancia por necesidad fue transformada en virtud filosófica y secularizada por filósofos como John Locke o Voltaire. En Alemania será el llamado Rey Filósofo, Federico de Prusia el instaurador de la tolerancia que permitió el desarrollo de una secularización filosófica del espíritu protestante que va desde Kant a Marx, pasando por Hegel.

Este espíritu protestante se resume en la famosa libertad de conciencia frente a toda imposición externa de una Iglesia que se arrogue la autoridad en la interpretación de la verdad de la palabra divina. En Marx la secularización protestante alcanzó un carácter decididamente ateo, de tal manera que se podría definir al marxismo en este aspecto como un protestantismo sin cristianismo. La poderosa dialéctica marxista reside en su extraordinaria capacidad para, con su acción de protesta radical, negar no solo a Dios, sino al propio Estado, que en el comunismo final debería desaparecer como última autoridad política, dejando a los individuos que han tomado conciencia revolucionaria, libres de toda explotación y abusos de unos hombres frente a otros. Pero el marxismo, con la caída del muro de Berlín, se ha revelado como un movimiento tan utópico como aquellas sectas protestantes.

El rival de Marx, aunque en vida ambos personajes no se conocieron personalmente, podemos decir hoy que fue el fundador del Positivismo, Augusto Comte, el cual pudo vivir la famosa Revolución del 1848 en París, en la que también participó el joven Marx, que luego relató en su famoso escrito El 18 Brumario de Luis Bonaparte. Allí compareció por primera vez el movimiento comunista, que Augusto Comte, a diferencia del revolucionario alemán, condena como un movimiento que pretende continuar el espíritu de la Revolución Francesa, para llevar a cabo otra Revolución más radical.

Según Comte, había que abandonar la actitud negativa de protesta y desobediencia ante las nuevas autoridades (empresarios, científicos y filósofos positivos) de la nueva Sociedad Industrial salida de las Revoluciones modernas para pasar a una colaboración con estos modernos poderes, para reorganizar esta Sociedad Industrial o Sociedad del Conocimiento, como la llaman ahora, la única que podría sacar a Europa de la crisis que se abrió en el Renacimiento, a fin de construir una nueva sociedad estable, centrada y creadora de lo que ahora denominamos la sociedad del bienestar occidental.

Augusto Comte hacía así una valoración parcial del Protestantismo, considerando que destruyó la intolerancia católica allí donde triunfo, pero no pudo imponer una nueva intolerancia religiosa por sus divisiones sectarias, y esto ayudó a que las ciencias positivas y la filosofía moderna pudiesen crecer y desarrollarse en tales países de una forma más rápida que en los países católicos del Sur de Europa. Pero una vez que las ciencias positivas se constituyen y establecen sus "cierres categoriales", como diría Gustavo Bueno, es ridículo seguir manteniendo la "libertad de conciencia", posible ante un dogma teológico, pero ridícula ante un teorema científico.

Así que Comte, como dijo de él Thomas H. Huxley, el denominado *Bulldog de Darwin*, empezó a defender un "catolicismo sin cristianismo", que se caracterizaba por volver a construir una nueva autoridad universal, representada por la ciencia, con verdaderos dogmas, frente a los cuales la actitud protestante de crítica sin límites de la discrepancia individual ya no tenía sentido. Esa actitud "católica", esto es, universalista, (que es lo que significa la palabra en su origen griego) existía todavía en aquellos países donde no había triunfado el Protestantismo, como Francia, Italia, España e Hispanoamérica, Portugal y Brasil.

Y era, según Comte, la que habría que secularizar, esto es, separarla de sus orígenes teológicos para darle una fundamentación filosófica secular. Una muestra de ello, cercana a nosotros, es la del influyente filósofo español Gustavo Bueno, que se reconoció como "ateo católico". De ahí que el combate entre Protestantes y Católicos, bajo otras formas ideológicas, parece que, a los 500 años del inicio de la protesta luterana, puede continuar.

Protestantismo y crisis de la Modernidad

Se han cumplido ya 500 años desde que Lutero abriese la Reforma Protestante con sus famosas tesis clavadas en la puerta de la catedral de Wittenberg. Entonces el catolicismo había degenerado, en parte por la corrupción de la Iglesia, pero, principalmente, por aferrarse al aristotelismo y condenar a Galileo en un momento en que se producía una revolución científica y filosófica que trastocaría los poderes espirituales y la visión del mundo hasta entonces dominantes. No es que el Protestantismo apoyase entonces la ciencia y la filosofía nacientes. Todo lo contrario, pues era tan anti-copernicano y anti-cartesiano como el catolicismo romano. Pero tuvo que hacer de la necesidad virtud y, allí donde triunfó, se vio obligado a respetar y tolerar las diferencias entre las numerosas sectas e iglesias en que cristalizó. En Holanda e Inglaterra, al abrigo de dicha tolerancia, pudo crecer y desarrollarse la ciencia que había nacido con Copérnico y Galileo y la filosofía moderna que inicia Descartes. España, necesitando defender su posición de superpotencia europea de la época y su Imperio, permaneció libre del Protestantismo, pero a la vez, por el mantenimiento y reforzamiento del poder espiritual de la Iglesia con la Contrarreforma, se cerró a la revolución científica y filosófica.

Pasados quinientos años, asistimos a una crisis en el siglo XX equiparable, según Ortega y Gasset, a la crisis que abrió la Era Moderna. Una nueva revolución científica se abre en la Física con la Teoría de la Relatividad de Einstein y la física cuántica de Planck, junto con una revolución filosófica que se anuncia en filósofos como Martin Heidegger o el propio Ortega, que proclaman el fin de la modernidad y el inicio de una nueva época que viene después de la Moderna. En ella estaría surgiendo una concepción del mundo que se empieza a denominar postmetafísica y postmoderna. Dicha concepción sería, en palabras de Ortega, nada moderna, pero muy siglo XX. Ello surge como reacción ante la degeneración de las sociedades modernas que, como ocurrió con la sociedad medieval, después de dar sus frutos, entran en crisis. Así, la democracia liberal en Inglaterra basada en ciertas limitaciones, como la limitación censitaria del derecho de voto a los propietarios, o de la tolerancia religiosa que excluía de ella a católicos y ateos, al hacerse democracia de masas por la extensión del derecho de voto a todo ciudadano mayor de edad, e incluso hoy a los inmigrantes, o por la tolerancia de toda forma de religiosidad y cultura con el multiculturalismo, genera conflictos inesperados que amenazan disolver la propia idea moderna de nación y de familia, en la que se reconocen derechos iguales de los cónyugues, posibilidad de divorcio, etc.

La idea que subyace a estos desarrollos conflictivos es la idea protestante de libertad ilimitada de conciencia, atribuida al individuo frente a toda autoridad y que deriva de la creencia religiosa en la conexión directa de los creyentes con Dios a través de la lectura de los textos sagrados y de la meditación. Pero, frente a tales pretensiones de igualdad y libertad individual sin límite, las ciencias positivas, que inicialmente solo habían puesto de manifiesto la estupidez de no admitir en conciencia que "2+2=4", una vez que ha sido demostrado, pero que hoy extienden sus teoremas a múltiples campos de la realidad humana, desde la Física Relativista a la Teoría de la Evolución, dichas ciencias positivas destruyeron primero las falacias del comunitarismo protestante secularizado de los marxistas, que consideraban aquello que lo contradecía, sea la Genética o la Lógica Formal, como "ciencias burguesas", frente a las que pretendían oponer la "ciencia infusa proletaria".

Un choque semejante se produce hoy de nuevo con el igualitarismo de la llamada Ideología de Género, que pretende hablar de la igualdad de géneros, como si fuese algo que pudiese establecer el legislador progresista sin tener en cuenta las leyes biológicas y culturales que establecieron las diferencias sexuales por encima de los deseos de los individuos y que hoy nos siguen determinando.

En tal sentido, la mentalidad católica que ha permanecido a machamartillo en algunos países, como España, aunque ámpliamente secularizada y liberada de los dogmas religiosos por el desarrollo, tardío en comparación con los países protestantes, de la industrialización, quizás está hoy en mejores condiciones que la protestante para adaptarse a la nueva época postmoderna, por su tendencia a respetar la autoridad, que ahora no son los teólogos, sino los científicos; a no considerar los derechos del individuo sin relación al grupo, sea este la familia, los amigos o la nación misma; o a tolerar a otros grupos siempre que asuman y se adapten a las costumbres del país, etc.

España frente a la Modernidad Protestante

Decía Ortega y Gasset que resultaba curioso observar cómo, al final del Imperio Romano, el legado cultural científico y filosófico griego fue más rápidamente asimilado por los pueblos islámicos que por el cristianismo de occidente. Hasta tal punto se retrasó Europa en la asimilación de la filosofía de Aristóteles o de la matemática griega, que lo principal de esta alta cultura tuvo que ser transmitida precisamente por los árabes, principalmente en los tiempos del rey castellano Alfonso X El Sabio, a través de la famosa Escuela de Traductores de Toledo. Sin embargo, señala Ortega, ese retraso europeo inicial en la recepción del legado de alta cultura griega, frente a la mayor apertura y tolerancia del Islam ante el pagano Aristóteles estudiado por Avicena y Averroes, fue brillantemente corregido cuando Europa, no solo lo asimila, sino que lo recrea y enriquece espectacularmente, superándolo con la Revolución científica y filosófica del Renacimiento de Copérnico, Galileo o Descartes. A partir de entonces la civilización cristiana europea, que ya había hecho retroceder al Islam con la Reconquista española, acabará por empezar a dividirlo y neutralizarlo con la colonizaciones, que inicia Napoleón al conquistar Egipto y terminan los ingleses en la Primera Guerra mundial destruyendo el Imperio turco.

Hoy la situación se ha vuelto a complicar por el rebrote del magma, ardiente de fanatismo, del volcán islámico, realimentado por los inesperados petrodólares que surgen, como un maná providencial de Alá, en los desiertos del cercano Oriente. Gustavo Bueno señalaba, como causa de esta victoria filosófica de la modernidad europea, a la superioridad del tomismo frente al averroísmo, en tanto abrió una interpretación del aristotelismo que posibilitaría su superación en la Modernidad del Renacimiento. En tal sentido el retraso inicial europeo y el atraso cultural de sus Cortes en relación con el tamaño y riqueza cultural del pensamiento y de las bibliotecas de Damasco o Córdoba, habría sido superado al final del medievo.

Se nos ocurre, entonces, plantear una analogía para entender la rivalidad moderna, también de origen religioso, entre católicos y protestantes, rivalidad que brota en la propia Europa en el momento en que, con la batalla de Lepanto España, destruye la armada turca que amenazaba a la cristiandad europea, superándose un peligro semejante al que superaron los griegos frente a los persas en la batalla de Salamina. La nueva rivalidad entre Católicos y Protestantes determinará una división religiosa y cultural en Europa que se sustanciará en el choque, frente al poderoso Imperio español, de ingleses, holandeses y alemanes, con el problema añadido de una Francia dividida, primero de forma religiosa por los hugonotes y, tras la Revolución, sometida a sucesivas restauraciones y revoluciones.

La Europa protestante, como ocurrió con el Islam, fue mucho más rápida y hábil en la asimilación primero, y brillante desarrollo posterior, de la revolución científica y filosófica, que había surgido en países católicos con Galileo o Descartes. España se cerró en el siglo XVII, como decía Ortega, ante la ciencia y la filosofía modernas, que constituyeron durante siglos nuestras dos asignaturas pendientes. A partir del siglo XVIII intenta modernizarse yendo a la escuela de franceses, ingleses y, por último, con Ortega, de los alemanes. Pero perdió su Imperio y estuvo varias veces en peligro de ser destruida por su precaria modernización cultural e industrialización.

No obstante, en el siglo XX ha conseguido superar su atraso en la modernización, acercándose al grupo de cabeza formado por sus antiguos rivales protestantes. Incluso, de la mano de Ortega, ha entrado con buen pie en el inicio de una nueva filosofía crítica con el idealismo y utopismo de la Modernidad, asociada a figuras mundialmente famosas como Heidegger, que promete orientarnos ante los últimos coletazos de la crisis de la Modernidad, representados actualmente por las ideologías globalizadoras o de genero procedentes de la crisis de las Universidades norte-americanas dominadas por las élites WASP.

De la misma manera que se dice que Inglaterra, perdido su Imperio, conserva un resto de él en la red global de paraísos fiscales, base del gran poder de la City londinense, España conserva, de sus tiempos imperiales, la tecnología global del idioma español, hoy creciente hasta en los mismos EE. UU. Podría por esa vía lingüística, favorecida por Internet, extenderse la influencia de sus filósofos y pensadores, tales como Ortega y Gasset o Gustavo Bueno que, a pesar de haber alcanzado un nivel filosófico actualísimo y sumamente novedoso, están ausentes de los foros mediáticos europeos y norteamericanos, dominados, todavía hoy, por el prejuicio de la Leyenda Negra frente a la "inteligencia" española. Por eso debemos defender el español, no sólo en Cataluña, sino en la red que comunica al Mundo entero.

La identidad nacional española

Uno de los problemas que arrastramos los españoles en nuestro largo y tortuoso proceso de modernización es, sin duda, no tanto el problema de la unidad estatal, como el de la identidad nacional. La cuestión de la unidad política estatal está resuelta desde los Reyes Católicos. Pero, a partir del siglo XVII, el Reino de España declina en su poder y se adapta mal a los nuevos vientos de la modernidad cultural, sin cuyas ideas no era posible hacer la transición de una sociedad medieval agraria a una sociedad industrial moderna.

No obstante, de una forma u otra, tales ideas modernas fueron prendiendo también en España y abriendo el camino a la transformación política que marca el "paso del Rubicón" en la modernidad: la transformación de la soberanía del Rey en la soberanía de la Nación. Se pone, como inicio de este proceso, la famosa Constitución de Cadiz. Pero, el siglo XIX termina con un gran fracaso de este proceso de constitución de una nación española moderna, que lleva a la aparición de los movimientos secesionistas catalán y vasco, a la dictadura de Primo de Rivera y, tras el intervalo de una República fracasada, a la larga dictadura de Franco.

Ortega interpreta el fracaso de la Restauración decimonónica en la creación del sentimiento de la nación política española como producto de dos errores. Uno, por limitarse con Cánovas a copiar el modelo ingles de una monarquía parlamentaria y, otro, por mantener el centralismo político introducido por influencia francesa en tiempos de Felipe V. En *La redención de las provincias*, Ortega presenta su propuesta más acabada para la Gran Reforma que precisa España, si quiere culminar su constitución como nación política moderna. El centralismo introducido por la monarquía borbónica, en un momento de una España en una fase imperial decadente, no consiguió, ni siquiera con Carlos III, sacar al país de su letargo e inacción provinciana. Por ello, Ortega considera que la única forma de crear el sentimiento nacional es, no desde arriba, de modo centralista, como en Inglaterra o Francia, que disponían de unas élites modernas modélicas cuyo influjo se irradiaba, para emulación de todo el país, desde centros culturales prestigiosos como Paris o Londres, sino desde abajo, partiendo del sentimiento regional de los provinciales y avivando su fuego hasta que genere un sentimiento nacional político español.

En España, Ortega, al contemplar la ausencia de sentimiento político nacional real y vigoroso, y no de cartón piedra, como era el de Cánovas con la Restauración, propone una meta cultural común para la provinciana España, la meta de la europeización cultural. Así, Europa era, para Ortega, especialmente dos cosas: ciencia y filosofía. Justamente las dos asignaturas pendientes de la modernización cultural española. En tal sentido, esa modernización, que no se había podido producir en Madrid, por la prepotencia e intolerancia del clero aliado con el Trono, debía producirse en provincias. Por ello, Ortega "imita" dialéctica y creativamente el modelo alemán proponiendo, no ya una centralización federal (la cual implicaría la ruptura violenta del país, como ocurrió en ensayo el cantonalista de la I República), pues España era ya un Estado unitario secularmente consolidado, sino proponiendo una descentralización autonómica del Estado. Dicha descentralización no debía plantear problemas de soberanía, como ocurre en el caso del federalismo.

En los últimos 40 años hemos asistido a un nuevo intento de modernización política en España, a una IIª Restauración de la Monarquía Constitucional. Solo un pequeño matiz enturbió la similitud con la propuesta orteguiana, como denunció entonces Julián Marías, fiel discípulo de Ortega: la introducción del término "nacionalidades históricas" por presión de los grupos nacionalistas catalán y vasco. Tampoco era un obstáculo insuperable. Todo dependía de la interpretación que los Gobiernos y Tribunales diesen al término.

Pero sucedió lo peor. Los gobiernos socialistas, guiados por su concepción federalista del Estado, no tomaron como guía el 'autonomismo' que Ortega había contrapuesto al Federalismo, sino que, orientados más por el "derecho de autodeterminación" de los pueblos de la doctrina marxista, aunque la abandonasen de palabra, desarrollaron la descentralización como una cesión de soberanía, en tanto que cedieron competencias que Ortega consideraba irrenunciables, como la Educación, la Justicia e incluso parte de la política exterior (Embajadas catalanas, vascas, etc.) En tal sentido, lejos de fortalecer el sentimiento nacional, lo reprimieron desviándolo hacia el regionalismo secesionista. La falta de identificación con la enseña nacional constitucional rojigualda, en regiones enteras de España, no es más que el síntoma en el que aflora el fracaso en la construcción de la nación política española.

Ante esta situación, algunos creen que, suprimiendo la descentralización autonómica y volviendo al centralismo administrativo napoleónico, se solucionarían los acuciantes problemas del separatismo y de la tremenda deuda económica que amenaza hasta con no poder seguir pagando las pensiones. De ahí que algunos propongan eliminar las dichosas Autonomías para pagarlas. Pero es esta una visión a corto plazo que ignora la dimensión filosófica del asunto, tal como la planteó Ortega.

España no es un pequeño país, como Irlanda o Grecia o Portugal, y su modernización y constitución como nación política moderna no se conseguirá sin la ayuda de los filósofos, como ocurrió con Inglaterra, Francia o Alemania, donde, por ello, están orgullosos de sus grandes pensadores. En el siglo XX hemos tenido nosotros algunos como Unamuno y Ortega, que se han ocupado, en sus libros y escritos, de analizar nuestra situación como nación y que han influido, con sus Ideas, en el curso de la Historia de España. Más recientemente, Gustavo Bueno ha vuelto también a "pensar España" frente al nacionalismo "fraccionario" del separatismo.

Pero la llamada "clase política" de estas últimas décadas, todo poderosa en cuanto "partitocrática", sacrificó la identidad nacional española a los delirios particularista de los separatistas vascos y catalanes, a cambio de conseguir el poder en Madrid para sus partidos, olvidando y despreciando las sabias advertencias de tales filósofos. Hoy vemos como eso nos está llevando al desastre. Por eso debemos volver a recordar que el "autonomismo" confederal actual no se puede mantener y, por tanto, mejor que volver al centralismo, hay que volver al autonomismo orteguiano. Pues el modelo del autonomismo propuesto por Ortega no es el de los estatutos de 2ª generación que Zapatero, de modo irresponsable y necio, concedió a Cataluña, sino más bien, creemos, el modelo de un autonomismo que es compatible con el sentimiento de la unidad e identidad nacional española.

Covadonga y la Democracia española

Estos días pasados ha tenido lugar la visita de la Infanta Leonor y de sus padres, los Reyes de España, al Principado de Asturias, en conmemoración de los 1300 años transcurridos desde la denominada batalla de Covadonga (718). Batalla real para unos o inventada para otros, pero que en definitiva simboliza algo que condujo a la rebelión de Pelayo contra la dominación islámica de Munuza, asentado en Gijón, ciudad en la que tiene todavía hoy una calle. Con dicha rebelión se inicia un movimiento de reconquista y no de mera resistencia, como ocurrió en el condado de Barcelona, dependiente de la Marca Hispánica de Carlomagno, o de lo que sería el Reino de Navarra.

Una rebelión que muy pronto se consolida y se extiende, llegando en menos de 70 años a pasar a la contraofensiva el rey del pequeño reino asturiano, Alfonso I, el cual consiguió hacer inexpugnable Asturias para los ejércitos sarracenos. Con Alfonso II el Casto que, en una de sus razzias, llega hasta Lisboa, se crea la frontera de tierra quemada en torno al rio Duero y se inicia la peregrinación desde Oviedo a Compostela, como a una nueva Roma, que hay que visitar para ganar el jubileo en la tumba del apóstol Santiago. Por último, Alfonso III inicia la repoblación del valle del Duero, la creación de Burgos con su castillo para defender la llamada Bardulia, como una especie de Marca Hispánica asturiana que engendrará el Condado de Castilla, como Carlomagno engendró el Condado de Barcelona. La diferencia está en que mientras el francés se limitaba a una política defensiva, el asturiano tiene una estrategia ofensiva, que continuarán después, principalmente, los reyes de León, Castilla y Aragón llevando a la toma final de Granada.

Por eso, en Cataluña se mantuvo una estructura feudal tradicional, cuyos restos se manifiestan intermitentemente en su historia, tal como ahora ocurre con la jerarquía racista del separatismo en rebelión frente a una Constitución democrática igualitaria más afín con la Castilla originaria, que fue creada como feudo o marca del Reino de Asturias con la repoblación y fundación de ciudades como León, Astorga, Burgos, Amaya, etc. Una repoblación que recuerda la conquista del Oeste americano con sus condados autónomos de ciudadanos que se reparten por igual las tierras y que eligen sheriffs y jueces para defenderse de los indios y de los cuatreros. Nace así Castilla como una sociedad igualitaria de pequeños propietarios libres de señores feudales y dependientes, sin intermediarios, de la Corona asturiana que los crea. Eligen sus alguaciles y alcaldes que los defiendan de las injusticias y cuentan con la protección real que los libre de las razzias del temible ejército islámico. Castilla, desde su origen es por ella de estructura democrática, a diferencia de la feudal Cataluña.

Otra cosa es que, como señaló Ortega y Gasset, democrático no es idéntico a liberal, porque el igualitarismo social, cuando no tiene límite, puede ser el peor enemigo de la libertad. Y a la inversa, el feudalismo, que según Ortega está en la raíz del liberalismo europeo, porque se basa en poner unos límites al poder real que garanticen la libertad y el *habeas corpus* de los señores feudales. Sin embargo, puede degenerar en un racismo esclavista, como parece ser que ocurrió en Cataluña hasta que se incorporó, con los Reyes Católicos y después con Felipe V, a unas estructuras más igualitarias de una España unitaria y centralista. Por ello, el problema de España, como se dice, que todavía está sin resolver, reside en la necesidad de asentar en nuestro país una democracia liberal, aun conservando la Monarquía histórica.

Las bases de la actual democracia se empezaron a poner tras la industrialización y la creación de una amplia clase media en la época de Franco, con la denominada Transición a la Democracia. Pero, después de varias décadas, nos encontramos con serios problemas de crisis política en Cataluña y peligro de nuevos enfrentamientos entre el igualitarismo español y el radicalismo separatista catalán o el vasco. Por ello algunos hablan de regenerar la "fallida" democracia actual. El fallo, según este análisis, se ve muy bien en las propias raíces de España. Reside en una democracia entendida al modo aristofóbico castellano, recogido en la frase "del Rey abajo ninguno", que ahora nos viene reforzada por la imitación de la ideología multiculturalista dominante hoy en Bruselas, basada en el igualitarismo más demagógico y destructor de las nacionalidades históricas europeas, en nombre de un utopismo completamente idealista. Mientras no se pongan límites a este igualitarismo, tanto castellanista, como ahora globalista, con la defensa liberal y a la vez democrática de los Estados nación y de sus necesarias élites dirigentes, no parece que se pueda corregir el desastroso rumbo que en España ha tomado la democracia.

El quijotismo español

Miguel de Cervantes escribió su inmortal novela Don Quijote de la Mancha, que se convirtió en un análisis indirecto del alma española a través de las divertidas y aleccionadoras aventuras de sus dos personajes principales, Quijote y Sancho. En principio, el éxito que tuvo en España fue como una entretenida burla de las medievales novelas de caballería, en unos tiempos de inicio de la modernidad en los que las costumbres medievales empezaban a quedar fuera de tiempo.

Pero la importancia de España entonces, como gran potencia europea, hizo que dicha obra trascendiese sus fronteras y se tradujese al inglés. Y fue allí, en tierra entonces enemiga, donde tuvo un éxito y una interpretación diferente. Se la vio como una crítica a un defecto estructural que afectaba de lleno a la médula del entonces imparable expansionismo imperialista español.

Don Quijote era un trasunto del proyecto político utópico español, que pretendía un imperialismo católico cuyo sentido, como sostenía Gustavo Bueno, era recubrir a sus dos enemigos principales: el Islam y el Protestantismo.

Pero este recubrimiento, para ser finalmente victorioso, precisaba de un avance continuado hacia el Occidente (*Plus Ultra*), primero por el Atlántico (América) y luego por el Pacífico (Las Islas Filipinas, Japón, China), que recuerda el avance del Imperio de Alejandro hacia el Oriente, por la India, impulsado al parecer por el conocimiento que tenían los griegos de la redondez de la Tierra, a la que se proponía circuncidar. Alejandro pretendía demasiado para sus efectivos poderes y por ello fracasó en su proyecto imperial sin límites.

Ya Nietzsche habría dicho que los españoles habían querido ser demasiado. Como le ocurrió a Alejandro, su deseo de poder y de justicia plasmado en Leyes (lo que ahora se denominan los derechos humanos) y Empresas (el proyecto de Conquistar China) era demasiado grande para sus recursos militares y económicos.

Acabaron quedándose en las Filipinas, explotando el comercio oriental de especies a la espera de mejor ocasión. De Europa debieron de retirarse tras las victorias de la rival Francia y de los Protestantes en Holanda e Inglaterra. Quedaba América. Era entonces el Imperio español realmente existente, a partir del cual España podría reforzarse para rehacerse de sus derrotas en Europa.

Pero entonces vino la Decadencia de los Austrias, que nos conduciría, tras el afrancesamiento borbónico, a la perdida de la parte mayor del Imperio en las Guerras Napoleónicas. Dicha Decadencia se debe a muchos factores, pero hay dos que destacan: el mantenimiento de los ideales del Absolutismo monárquico y el retraso en la renovación científica y filosófica. Inglaterra y Francia, con sus transformaciones políticas, nos rebasaron ampliamente en la constitución de un poder político más adecuado para el nacimiento de las modernas sociedades industriales.

Y el retraso científico y filosófico frenó la constitución de una sociedad industrial necesaria para eliminar la pobreza y el atraso económico. Fue Inglaterra, quien puso en marcha el proyecto de Francis Bacon de sustituir los milagros de la religión por los más efectivos milagros de las ciencias positivas.

A su vez nunca pretendió crear un Imperio como fin para dominar el mundo, sino como un medio para obtener las necesarias materias primas (algodón, etc.) para el desarrollo del naciente capitalismo industrial, creador de la primera sociedad con poderosa y prospera clase media.

En tal sentido recuerda a un imperialismo más semejante al romano que al alejandrino, Pues los romanos no se propusieron nunca acrecentar su poder sin límite, sino que, donde encontraban un gran rio, el desierto o el Océano, ahí se detenían y se fortificaban frente a la barbarie exterior. Su poder se revertía principalmente en el Mediterráneo, en el que impusieron una *Pax romana* y sus más civilizadas costumbres.

España recuerda más a Rusia. Destacan en común su situación periférica en Europa, su lucha secular de frontera contra el Islam, su duda cíclica en torno a su identidad europea, su dificultad para salir de su atraso medieval y su recurso al "quijotismo", que en Rusia se manifestó con fuerza tras la Revolución soviética con la construcción fallida del Comunismo, como solución válida universalmente para la sacar de la miseria y de la explotación a todos los pueblos de la Tierra.

Por eso, ante la superación de la denominada leyenda negra que proponen algunos y para no caer sin darse cuenta de nuevo en la leyenda rosa, convendría volver al final del libro de Cervantes en el que Don Quijote recobra la cordura y, regenerándose, desiste de intentar nuevas salidas.

Pues el quijotismo hoy está todavía vivo en la izquierda utópica o en los locos separatistas que pretenden iniciar aventuras revolucionarias nacionales, cuando su tiempo ya ha pasado. El problema es que la derecha es más bien sanchopanzista.

Cartas sobre España de un viajero ruso

Vasili Petrovich Botkin, un escritor ruso, uno de aquellos viajeros románticos que visitaron nuestro país en el siglo XIX, nos describe a los españoles, en su libro *Cartas sobre España* (Edición de

Àngel Luis Encinas Moral, Miraguano Ediciones, 2012), y a diferencia de los clásicos Washington Irving, Merimé, George Borrow, sin basarse en los prejuicios habituales en la Europa Protestante contra España, sino que, desde su simpatía de un pueblo más emocionalmente afín a lo latino, como el ruso, nos percibe como un pueblo hospitalario, generoso y de natural cortés, aunque no deja de señalar una serie de defectos que todavía hoy nos afligen: la anarquía de nuestras instituciones, la corrupción y la falta de solidaridad entre las regiones, el localismo y la falta de claridad en su concepción de la unidad igualitaria nacional, la manía por rehacer las Constituciones, y el caso omiso a las leyes. El desapego por la industria y el comercio, el abandono de la ciencia y las artes. No obstante, tras su visita a Gibraltar, elogia la "exquisitez congénita" de las costumbres españolas comparadas con la "impostada y patrañera exquisitez de los ingleses".

No podemos más que ver entonces que el problema principal de esta nueva grave crisis de la Restauración monárquica en la regeneración política, económica y cultural de España, a la que estamos asistiendo, se debe fundamentalmente a la persistencia de estos defectos ya seculares de la propia sociedad civil española, reflejados en la hoy tan desprestigiada clase de políticos en que ha depositado mayoritariamente sus votos y su confianza. Por ello no bastaría con sustituir de la noche a la mañana tales políticos por otros, sino que es necesario cambiar la forma de pensar y actuar de la propia sociedad, lo cual debe intentarse haciendo comprender a la mayoría de los españoles, angustiados ante lo que nos acontece, que deben de ser más cautos en la vigilancia y corrección de tales defectos y no dejarse llevar más por la demagogia y los cantos de sirena populistas. Deben de preocuparse por comprender cuestiones abstractas tales como qué nos interesa mantener y que no, en nuestras relaciones exteriores con la llamada Europa Unida. Qué significa, en nuestras relaciones interiores, una división de poderes, una independencia judicial, una descentralización auto-nómica, una unidad nacional, etc. Qué significa en definitiva formar parte de la nación española en el concierto internacional actual, sujeto a cambios no vistos desde la Segunda Guerra Mundial.

En estas décadas de democracia vividas en España se nos ha dado de forma aplastante, a través de los poderosos medios de comunicación, una versión monocorde que excluía cualquier puesta en cuestión sobre asuntos importantes como la entrada en el Euro, el papel de la banca, el tipo de industria a fomentar, etc. Hoy nos encontramos con que la crisis mundial que nos sacude pone en evidencia el fracaso de nuestro país, sometido al dictado de Bruselas debido a las debilidades y miopía de la política seguida por las fuerzas mayoritarias. Pero pone también de relieve la situación menesterosa y marginal en que se encuentran las alternativas críticas al actual sistema debido al sectarismo de los grandes medios de comunicación que, lejos de reflejar todas las opiniones críticas, han marginado sistemáticamente una parte muy significativa de ellas.

Nos encontramos, pues, con que nuestra continuación de la convergencia con los países más desarrollados de Europa, en los últimos años, había sido meramente nominal y no real. La actual crisis lo está poniendo de manifiesto con una España vista como un peligro de desestabilización económica en Europa por su alto endeudamiento público y privado y su cifra récord de paro. La democracia actual, debería haber continuado dicha convergencia, pero acabó abandonando políticas esencialmente correctas del franquismo, como la política de industrialización desde la banca, la política de educación basada en el esfuerzo y el mérito, la despolitización de los cargos técnico-administrativos, etc. Políticas que hoy se vuelven a echar en falta, sobre todo la educativa, por ser esencial en el medio y largo plazo.

Debemos, por tanto, desde las plataformas de opinión de que disponemos, poner de manifiesto el Gran Engaño que los medios de comunicación, grandes televisiones y tantos periódicos, han inoculado durante años en la mente del español medio. Pues, sin ese correctivo previo mantendremos un electorado presa de los seculares defectos que denunciaba el viajero ruso y así no saldremos de la crisis, sino que esta se agravará.

Desenterrar a Franco

El actual Presidente, Pedro Sánchez, se propone desenterrar a Franco de su tumba del Valle de los Caídos. Su decisión puede ser vista como una maniobra de distracción de los graves problemas que nos siguen aquejando, como la actitud de continuar el camino hacia la separación de Cataluña del actual presidente Torra, o el tratar de contentar a sus socios de Gobierno, como Podemos y los propios separatistas. Pero también se puede considerar, desde otra perspectiva, como la actitud propia de un aprendiz de brujo que desata fuerzas que después no puede controlar. Pues inevitablemente se está ya empezando a producir un debate que acabará llegando a la opinión pública, por mucho que, a excepción de Internet, la mayoría de la opinión publicada en los grandes medios se considere antifranquista y por tanto no va a salir en defensa del ilustre enterrado. Pues el debate está empezando a cuestionar, en libros de gran tirada, como los de Pio Moa y otros, los mitos y mentiras sobre la figura de Franco y de su largo Régimen dictatorial.

Mitos que los historiadores, salvo raras excepciones, no se han preocupado de combatir con rigor y metodología científica, dejando el espacio libre para el predominio de los que podemos denominar "cronistas" de la izquierda, cuyos relatos parten ya del supuesto de que el progreso lo representaba el socialismo, el comunismo y el separatismo, mientras que el franquismo no era más que un freno histórico y una vuelta a la caverna. Un cronista se diferencia de un historiador en que, como en la Edad Media, relata los hechos sucedidos siempre en beneficio de mantener el prestigio de su señor, al que sirve, mientras que un historiador, buscando el contraste con fuentes seguras e independientes, trata de reconstruir en lo posible lo que verdaderamente sucedió, caiga quien caiga. Los científicos deben ser, en tal sentido, como decía Fichte de los filósofos, sacerdotes del templo de la verdad y no meros cronistas o propagandistas al servicio de los políticos de turno.

Después de transcurrido casi medio siglo, desde el final del franquismo, parece llegado el momento de la verdad histórica, a pesar de los intentos por parte de la izquierda, con el consentimiento del PP de Rajoy y el silencio de otros, de establecer una "verdad" por la Ley de la Memoria Histórica, con la que se apuesta más por los cronistas que por los verdaderos historiadores, a los que se trata de amenazar incluso con multas y cárcel por enaltecer el Régimen franquista. Todo se andará en la época de las *fake news*, pero la verdad, como tal, siempre ha demostrado ser muy tozuda. De momento, por lo que está saliendo a la luz en estas revisiones históricas, espoleadas inevitablemente por la caída del Muro de Berlín y el fracaso del socialismo y comunismo soviéticos, la figura de Franco es vista como la de alguien que nos libró con su victoria en la Guerra Civil de semejante pesadilla. Por otra parte, aunque Franco se vistió de fascista y buscó la alianza con Hitler por necesidades militares, su Régimen fue calificado más precisamente, no de "fascista", sino de "autoritario", por sociólogos de prestigio como Juan Linz. Pues Franco, a diferencia de Hitler, Mussolini o el propio Stalin, no fue un político, sino un militar de prestigio.

Su Régimen puede ser calificado más de bonapartismo que de terrorismo jacobino, como fue el caso de Hitler o Stalin. Pero se diferencia de Napoleón en que sus victorias militares no tuvieron carácter continental, sino que se redujeron a España. En esto recuerda más al vencedor de la Guerra Civil inglesa Oliver Cromwell. Pues este también se consideró un vencedor en lo que entendía como "cruzada" de los puritanos contra los católicos. Cromwell, cuyo cadáver fue desenterrado y su cabeza colgada de una pica en el centro de Londres, cuando se restauró la monarquía católica de los Estuardo con Carlos II, fue sin embargo rehabilitado posteriormente como el que puso las bases, con la creación de la *Commonwealth*, de la posterior hegemonía inglesa en los mares. Hoy tiene varias estatuas en Londres.

Franco se parece a Cromwell en su dureza y en su proyección de futuros progresos, al poner las bases económicas de una riqueza nacional inédita, con la modernización de España, elevándola a figurar entre los diez países más industrializados del mundo. La transición a la democracia no debería olvidar que no hubiese sido posible de la forma pacífica en que lo hizo sin la extensa clase media creada en el desarrollismo franquista. Jacobo II quiso restaurar el catolicismo en Inglaterra y fue derrocado por el golpe de Estado de Guillermo de Orange, inicio de la monarquía democrática inglesa. Si Pedro Sánchez y sus socios de gobierno pretenden volver a restaurar la República quizás se encuentren con los votos ascendentes (las espadas de la democracia) de los españoles crecientes en número que luchan por mantener, junto con la Monarquía democrática, la unidad e identidad de España.

Una España muy siglo XX

Es bien conocido que el Reino de España fue, al comienzo de la Modernidad, la gran potencia que llevó a cabo, junto con el Reino de Portugal, el descubrimiento y exploración de nuevas tierras y, en especial, de América. Pero el Imperio español cayó en una larga decadencia desde el siglo XVII.

El problema más importante fue que España no pudo adaptarse a los nuevos vientos de la Modernidad filosófica y científica, que tuvieron más facilidad para desarrollarse en los países donde triunfó el Protestantismo. Solo al final del siglo XIX algunos intelectuales, como Clarín desde la Universidad de Oviedo o Unamuno desde la de Salamanca, toman conciencia de la necesidad de una Regeneración del país y comienzan a hacer una profunda crítica de la decadencia española con vistas a una Gran Reforma política y social. España llevó a cabo tal Reforma a lo largo del siglo XX, el siglo de una cruel Guerra Civil y del despegue industrial del país en tiempos de la Dictadura franquista.

El proceso recuerda la Guerra Civil inglesa, o a la Reforma Protestante y a las guerras religiosas del siglo XVII en Alemania, más que a la Revolución Francesa. Hay cierta similitud entre la *cruzada* de Cromwell contra los católicos y la de Franco contra los comunistas. Pero la similitud con Alemania es mayor porque ambos fueron grandes Imperios que entraron en decadencia, comenzando entonces un proceso de renovación política e industrialización. Alemania empezó su renovación en Prusia con el gran reformador Federico II, el Rey filósofo. En España el proceso de cambio y renovación alcanza un nivel similar de tolerancia al comienzo de la llamada Transición Democrática con el Rey Juan Carlos I.

La modernización alemana fue un proceso político y cultural en el que la contribución de filósofos como Kant, Fichte o Hegel fue muy importante para inventar nuevas instituciones educativas, como la primera de las Universidades modernas, la de Berlín, o para crear una justificación de la intervención estatal en la economía, siguiendo Ideas de Fichte, una tendencia que será clásica en la poderosa Socialdemocracia alemana. En la renovación de España tuvo también parte importante la contribución de intelectuales y filósofos. Por ejemplo, la Idea de la nueva organización

Autonómica del Estado de la Constitución de 1978 que hoy rige en España es una aportación del filósofo Ortega y Gasset que se puede remontar hasta Clarín. Pues, Ortega es el introductor y padre fundador de la filosofía contemporánea en el mundo cultural hispano. España fue en el pasado, especialmente en el Renacimiento, un país donde floreció la filosofía escolástica, con figuras como el jesuita Suárez o el dominico Francisco de Vitoria, padre del Derecho Internacional. Pero en la época moderna se llevó mal con las nuevas ideas de subjetivismo e interioridad idealista que fueron introducidas por el movimiento reformista Protestante, padeció dificultades insuperables para renovar y mantener su dominante posición política y cayó en una decadencia económica y cultural. En los siglos XIX y XX, primero los Ilustrados, como Jovellanos, y después los krausistas y republicano-socialistas intentaron transformar el país siguiendo programas inspirados en las Ideas modernas que habían triunfado en otros países como Inglaterra, Francia o Alemania. Pero tales intentos modernizadores condujeron, sin embargo, al fracaso de la Restauración decimonónica y a la gran tragedia de la Guerra Civil.

Ortega fue, inicialmente, alguien que veía en la monarquía de Alfonso XIII una institución débil, sin una clara y decidida Nueva Política que condujese la renovación y necesaria industrialización del país. Pero más tarde comprendió que el programa de modernización política de los republicanos estaba también fuera de tiempo, porque la Modernidad estaba entrando en crisis en el siglo XX con la Primera Guerra Mundial y la Revolución rusa. El intento Anti-Liberal del doctrinarismo marxista de realizar las Ideas democráticas modernas de una manera radical conduciría a un nuevo totalitarismo, como el intento de la Contra-Reforma condujo a la Cristiandad católica a una sociedad inquisitorial. Es por ello que Ortega pensó que la Modernidad estaba en crisis y que a esta sucedería un tiempo nuevo, "nada moderno pero muy siglo XX".

A este nuevo tiempo correspondería una nueva filosofía. Dicha nueva filosofía debía superar a la filosofía Moderna, al Idealismo y al utopismo político de raíces Protestantes, sin volver a la filosofía escolástica, al realismo católico-aristotélico. Se debía superar la filosofía Idealista moderna a fondo, con nuevas creencias y nuevas formas de vida y cultura. Ese es el legado de Ortega que creemos que se debe continuar, de una forma o de otra, porque en España nos acabamos de dar cuenta del daño que puede hacer la anarquía e indigencia intelectual cuando se apodera de la clase política.

¿A donde vas España?

El año de 2015 que estamos comenzando se presenta plagado de elecciones en todos los ámbitos políticos, desde las generales hasta las locales, pasando por las autonómicas. Además, según anticipan los multiples y casí cotidianos sondeos de intención de voto, nos estaríamos enfrentando al comienzo del fin del largo régimen bipartidista que, desde la dimisión forzada de Adolfo Suarez, caracteriza a la política española. Un régimen, el actual, en gran medida absolutista por la falta de separación de poderes que imposibilitaron un control efectivo de los previsibles excesos de la oligarquía gobernante y que nos está conduciendo, a pesar de la intención oficial de converger con los países más prósperos de Europa, a un alejamiento imparable e impensable hace unos pocos años atrás de lograr dicha convergencia.

La enorme deuda que pesa sobre nuestras cabezas como una espada de Damocles nos está empobreciendo al estar obligados a pagarla, ya que fue contraída, tanto de forma privada como pública, debido a una irresponsable política impuesta de forma unilateral por los dos grandes partidos al entrar alegremente en el proyecto de la moneda común y basar el desarrollo industrial en la llamada burbuja inmobiliaria. La burbuja estalló, como era previsible (recuerdo haber leído por entonces las advertencias sobre la burbuja en reconocidos diarios económicos ingleses a los que no se tomaba en serio) y el Euro finalmente resulto ser una extraña moneda con un valor mucho más bajo a la hora de pedir un crédito empresarial en Alemania que en España por ejemplo, lo cual perjudica seriamente nuestra capacida de competir, a no ser que en España se bajen los salarios, que es lo que se está haciendo, y por eso nos empobrecemos como país. Ese es el gran fracaso del llamado Régimen salido de la Transición a la Democracia. Y por ello los próximos comicios abren la gran incognita, debido a lo que se empieza a conocer por las sorprendentes encuestas que airean cada día los *mass media*, de hacia donde nos dirigimos ahora los españoles. Vuelven otra vez las voces de poderosas fuerzas electorales ascendentes, como Podemos, que quieren sacarnos de Europa para que miremos otros presuntos modelos como el llamado Socialismo Bolivariano, del caudillo venezolano Chaves, etc.

Nos creíamos un país europeo, por fin democráticamente homologado con el resto y, de repente, nos descubrimos muy diferentes y extraños. Surge lo que parece ser una posible nueva élite dirigente salida de la Universidad, con su núcleo en la Facultad de Ciencias Políticas de Madrid, y que al menos parece ya estar hegemonizando el llamado voto de la izquierda española con la formulación de un nuevo modelo de radicalismo político que sustituye a la considerada "casta" envilecida y corrupta del PSOE e IU. Todo ello recuerda al fracaso en la modenización del país que representó el régimen decimonónico de la Restauración, el cual desembocó, aquejado de absolutismo oligárquico y corrupción caciquil, en la breve "dictablanda" de Primo de Rivera, como antesala de la II República. Traida sobre todo por los llamados intelectuales, como Ortega y Gasset o Marañón, la Republica no consiguió consolidarse como un régimen estable y democrático, pues la gran masa de sus mentores intelectuales, en vez de apoyar una Republica Democratico-Liberal, burguesa como se decía entonces, tal como pretendía Ortega y su minoría intelectual, abrazaron con determinación el Proyecto de una Republica Socialista según el entonces triunfante modelo ruso-soviético anti-occidental, tratando de imponerla por medios violentos (Revolución del 34 y Frente Popular). Por ello el giro de Podemos hacia un radicalismo anti-occidental no nos sorprende, pues es la continuación de una tendencia que afecta a la izquierda española del siglo XX. Dicha continuidad tiene su explicación en dos hechos principales: el nuevo fracaso en la plena modernización industrial y democrática del país y en segundo lugar, el fracaso en la gestación de unas elites intelectuales capaces de producir una ideología que incorporándose, como quería Ortega, a la tradición democrático filosófica dominante en Occidente, la desarrolle y la implante de modo suficiente. Al menos en una porción electoral suficiente de la población española para que pueda actuar y transformar y fortalecer en tal sentido la mentalidad democrático-liberal de la llamada Tercera España y, por extensión e indirectamente, en el español votante medio.

Hay por tanto que analizar aquí, si queremos comprender lo que hoy nos pasa de nuevo como incertidumbre ante nuestro futuro, dos aspectos. Uno el carácter de un pueblo español, mal elector, que se deja embaucar por unos dirigentes políticos pícaros, interesados y de cortas miras, y otro la ausencia de unas elites intelectuales creadoras, modernas e influyentes, necesarias e ineludibles en la tarea de europeización que Ortega se proponía. Ambos problemas están, no obstante, relacionados y tienen su origen en la peculiaridad de nuestra historia. Pues la "ceguera" popular a la hora de elegir los representantes adecuados deriva de la ausencia o debilidad de las élites intelectuales necesarias para formar u orientar adecuadamente a la opinión pública. Pero habría que añadir que, en el caso español, la constitución de la llamada conciencia nacional popular nos diferencia notablemente de lo ocurrido en los otros grandes países europeos.

El dicho de *Spain is different* tiene cierto sentido originariamente, no tanto por razones psicológicas tan discutibles y difíciles de probar como la llamada por Ortega "narcotización" decadente de los visigodos, sino por lo que nos ocurrió en nuestra historia un poco después, con la invasión islámica. En tal sentido, el pueblo español fue durante su constitución, durante los siglos de la Reconquista, un pueblo de "frontera" en continuo avance y cambio hacia el Sur. En esto nos parecemos al pueblo norteamericano, resultante del avance fronterizo en la llamada Conquista del Oeste. En especial por las continuas repoblaciones para fundar nuevas ciudades y pueblos, lejos de la seguridad y protección de la Costa Este en USA o del Norte del Duero en la Península Ibérica, integradas por oleadas de aventureros colonos que debían autoorganizarse y dotarse de sus propias instituciones, improvisando sheriffs y alcaides, elegidos en pie de igualdad entre los más valientes, al margen de jerarquías de sangre o de dinero. Como señala Sanchez-Albornoz en su *España, un enigma histórico*, eso dio a Castilla un carácter igualitario y popular que tendrá repercusiones en la forma de entender las relaciones sociales en las que regirá aquello de "del rey abajo ninguno", o lo de Calderon en *El Alcalde de Zalamea*: "al rey la vida y la hacienda se ha de dar, pero el honor es patrimonio del alma y el alma solo es de Dios". El último poder jerarquico al que se sometía el pueblo era la élite eclesiástica católica, en tanto que representante de Dios en la Tierra.

En los EE.UU. el carácter igualitario toma la forma, a través de las sectas protestantes más radicales contra cualquier jerarquía, de una democracia de auto-organización de las masas mismas en el Lejano Oeste, que marcará decisívamente el populismo de la llamada, por Alexis Tocqueville, Democracia Americana, a diferencia de las Democracias europeas. Ante la dificultad de crear una jerarquía eclesiastica protestante unida y homogénea, debido a la parcelación en multiples sectas del mensaje cristiano, el "poder espiritual" acabará recayendo en USA en la fé en el progreso técnico y científico fomentado por la Ilustración que preconizaban los Padres fundadores como Thomas Jefferson, Benjamin Franklin, James Madison, etc. Aquí resulta la principal diferencia con España. Pues la élite católica, con el apoyo del poder político, (alianza del trono y del altar), debido a la necesidad de su cooperación en la conversión de los indígenas americanos y filipinos para poder mantener el poder imperial, perseguirá y obstaculizará notablemente la penetración de los ideales progresistas provenientes de la Ilustración, consiguiendo de hecho que, hasta la época de Ortega, con el precedente de Feijoo y Jovellanos, no se constituya una élite intelectual que puede empezar a homologarse con las élites filosóficas europeas modernas y además con un comienzo de influencia política y social notable que contribuyó de un modo principal al esperanzado advenimiento de la 2ª Republica española.

La fatalidad, sin embargo, quiso que se produjese la desviación de gran parte de la incipiente élite de intelectuales modernizadores hacia los ideales antidemocráticos y totalitarios triunfantes en la Rusia soviética. Una tendencia que se dio en toda Europa en el periodo de entreguerras y que Julian Benda definió con el título de su famoso libro publicado en los años 20 como "la traición de los intelectuales". El franquismo supuso, con su triunfo, la vuelta a la alianza de la Iglesia y el Estado, en las primeras décadas de la dictadura, con la consecuencia de una cierta marginación política de intelectuales modernizadores como Ortega y Gasset. Una alianza que se empieza a romper tras el Concilio Vaticano II (1962-65), en un momento en el que los espectaculares éxitos del franquismo en la modernización industrial del país permitieron su prolongación durante casi otras dos décadas más e hicieron posible la empresa de la Transición pacífica hacia la Monarquía Democrática.

Pero la "traición del clero católico" a Franco, del obispo Añoveros o del cardenal Tarancón, y el inicio entonces de los llamados diálogos entre cristianos y marxistas de los Aranguren, Ruiz Jimenez, etc., dejó al Regimen sin "intelectuales orgánicos", lo cual facilitó paradójicamente el pragmatismo de la llamada Tansición y abrió un hueco que no pudo más que ser rellenado, tras la muerte de Franco y el comienzo de la Monarquía Democrática, con el ascenso de los "intelectuales marxistas" que entonces predominaban entre la oposición al franquismo. No obstante, la hegemonía política alcanzada en la izquierda, tras las primeras elecciones democráticas por el Partido Socialista y el abandono del marxismo propugnado por su líder Felipe Gonzalez, eliminó cualquier posible influencia social de una élite intelectual filosófica, lo que condujo a una política pragmática del día a día electoral que solo pensaba en la consecución y conservación del poder, para la cual no necesitaba pensadores o filósofos, sino únicamente unos buenos servicios de encuestas sociológicas que le marcasen el rumbo a seguir. Así, los deseos de un electorado medio, poco formado e informado culturálmente, orientaron las decisiones principales que conformaron el rumbo de la política española de las últimas décadas, que nos ha conducido a lo contrario de lo que de buena fé el elector se proponía: al ruinoso endeudamiento económico, a la corrupción sistémica, al peligro de ruptura de la nación, al fracaso de la convergencia económica con la Europa del Norte, etc. Se cumple, al menos en este caso, aquello que decía Ortega de que en España todo lo ha hecho el pueblo y lo que no ha hecho, porque estaba fuera de su alcance, ha quedado sin hacer. Pues es el electorado mayoritario que representa al español medio el que ha sugerido y aprobado con su voto la política populista de los grandes partidos en una especie de Democracia Absolutista que no podía tolerar poderes separados, ya sean los judiciales o los crítico-intelectuales. Todo se sometió a un voto político generalmente poco formado y que no veía la necesidad del debate.

Ahora, ante el ya evidente, para muchos electores, fracaso del Régimen de la Transición, fracaso que hemos analizado con más detalle en sus causas en *Oligarquia y separatismo, dos graves defectos de la actual democracia española* (2014), se abre un panorama político lleno de oscuros nubarrones e incertidumbres. No obstante, cuanto mayor es el peligro, mayor puede ser la esperanza. En tal sentido la emergencia de nuevos partidos políticos, como el sorprendente fenómeno de Ciudadanos en Cataluña y que parece extenderse al resto de España, como confirman las recientes elecciones andaluzas, pretendiendo dar fuerza electoral a la llamada Tercera España, aquella España que defendían las élites intelectuales españolas de la época de Ortega, puede hacer que se reanude, un siglo después, aquel movimiento reformador y regenerador de España como nación moderna, capaz de afrontar la tarea largamente aplazada de una conjugación mutuamente beneficiosa de las Ideas modernas filosóficas con la fuerza electoral de un español medio que no se deje llevar a ciegas por sus deseos e inclinaciones más primarias. Una cultura moderna revitalizada, como Ortega se propuso, debe conseguir de una vez una vida política más civilizada, justa y adecuada a los tiempos. El momento es más propicio que en los años 20, pues aquellos totalitarismos entonces dominantes, tras la caída del Muro de Berlín, ya no son capaces de entusiasmar a las masas. El nuevo totalitarismo que nos amenaza en el horizonte es el totalitarismo islámico, el cual puede golpear en adolescentes o jóvenes inmaduros, pero no es atractivo para las élites intelectuales, aunque estas pueden quedar neutralizadas y pasivas por el efecto del relativismo cultural, del multi-culturalismo, hoy predominante en Occidente. Por ello es necesario reformular el liberalismo político-democrático en el sentido que lo hacía Ortega cuando señalaba que el antiguo liberalismo que luchaba contra el Absolutismo Monarquico debe ser hoy sustituido por un liberalismo que luche contra los nuevos Absolutismos a que puede conducir el triunfo de la Democracia Absolutista de masas. Una Democracia que puede abrir el camino a nuevas sociedades totalitarias disfrazadas bajo el manto del relativismo de los valores, que conduce invariablemente al triunfo de los valores más bajos. Como escribió Ortega:

"Por una extraña y trágica perversión del instinto encargado de las valoraciones, el pueblo español, desde hace siglos, detesta todo hombre ejemplar, o, cuando menos, está ciego para sus cualidades excelentes. Cuando se deja conmover por alguien, se trata, casi invariablemente, de algún personaje ruin e inferior que se pone al servicio de los instintos multitudinarios." (J. Ortega y Gasset, *España Invertebrada*, Rev. de Occidente en Alianza Editorial, Madrid, 1981, p. 91)

No podemos dejar hoy de pensar, tras recordar las duras palabras del filósofo, en fenómenos mediáticos tan tristemente de actualidad como el caso notorio de la llamada Princesa del Pueblo, Belen Esteban, de la Pantoja y demás figuras del famoseo dominantes en el imaginario popular español, como confirman los televisivos índices de audiencia. De ahí la urgencia de que las nuevas fuerzas políticas liberales emergentes apoyen e impulsen la necesaria "medicina mental", que solo una filosofía entendida como tradicional "medicina del alma" y basada en lo que Ortega denominaba "imperativo de selección" de los valores, puede llevar a cabo. Una medicina filosófica necesaria para limitar el absolutismo relativista que nos lleva irremediablemente al triunfo de la ruindad y la necedad que afectan crónicamente a los españoles con la fuerza de una epidemia.

España se divide

Se habla con preocupación en los últimos tiempos del resurgir de las "dos Españas", de la tendencia a la polarización extremista de la vida política, del abandono de la moderación, etc. Por ello es muy importante tener claro quién gobernó España en las últimas décadas.

Si tomamos como referencia los modelos clásicos, diríamos que el poder político vigente hasta hace poco en nuestro país resultaba de un régimen mixto en el que se conjugan la oligarquía con la democracia. Pues, por una parte, la participación política estaba prácticamente restringida a dos grandes partidos ampliamente mayoritarios por el voto que recibían de los ciudadanos. Dicho poder oligárquico, estaba limitado o moderado por el voto popular, por lo que en parte se puede decir que el pueblo tiene los gobernantes que se merece. Pero en parte no, pues el carácter cerrado y fuertemente centralizado de las listas electorales hace que las elecciones hayan sido una especie de plebiscito entre dos dictadores impuestos por las cúpulas de los grandes partidos. De ahí que sea muy difícil la renovación de los dirigentes y mucho más difícil la llegada de dirigentes poco dados a la reverencia y la adulación de los que en un momento dado ordenan y mandan.

Con el paso de los años y de las décadas se ha consagrado, de modo inevitable, una casta política cerrada que, además, tras el control de la cúpula del poder judicial por cuotas partidarias, llega a ser de hecho irresponsable ante los poderes judiciales ordinarios.

Pues la dificultad de un control jurídico independiente hace que se haya creado un maridaje con los sectores económicos tendente a la concentración financiera en grandes grupos bancarios, de todos conocidos, los cuales tratan de gobernar indirectamente las grandes empresas que más dependen de las decisiones políticas para su crecimiento y desarrollo.

Como todo esto es difícil de vender para la mayoría que, por definición, no pude disfrutar de los privilegios oligárquicos, se precisa de un control riguroso de los medios de comunicación, lo cual se lleva a cabo entre la casta política que monopoliza las licencias de TV y radio y los grupos bancarios que ponen la inversión necesaria para tan costosos medios. Así se cierra un círculo en el que se da una apariencia de plena democracia y pluralidad que no responde mucho a la realidad.

En esta situación no se da propiamente la separación de poderes que caracteriza a las democracias liberales, pues el Rey, que reina, pero no gobierna, es prácticamente sustituido por el Presidente del Gobierno, el cual, como cabeza de la mayoría, controla a un Parlamento que delibera (cada vez peor, dada la mediocridad de sus señorías), pero deja la tarea legislativa en manos de las cúpulas partidarias.

Por último, la justicia está fuertemente politizada. La única separación de poderes real y efectiva que estableció la actual Constitución es la separación entre los poderes centrales y regionales o autonómicos. Dicha separación es la que está abriendo la grieta que divide a la oligarquía actual, pues el puesto de balanza del poder que debían desempeñar partidos centristas liberales, como ocurre en Inglaterra o Alemania, lo han desempeñado las minorías separatistas. Por ello la brecha frente a la oligarquía se ha producido en la única separación de poder realmente existente, la de los poderes autonómicos y el central, que ha llevado, ante las situaciones de empate entre los dos grandes partidos, a buscar el desempate apoyándose en las minorías nacionalistas.

La cosa empezó con Felipe González, continuó extendiéndose con Aznar y parece que ha alcanzado un punto de no retorno y de ruptura del sistema con Zapatero y Rajoy. Por no aceptar un árbitro centrista y liberal que permitiese regenerar el sistema, cambiando los usos políticos y judiciales para limitar los abusos económicos, se ha acabado alimentando un árbitro monstruoso, el fanatismo separatista, apoyado ahora por Podemos, que puede llevarse por delante, no sólo el tinglado oligárquico, sino la nación española misma, en su identidad y unidad. Todos se acusan entre sí (*tu quoque*) y no se acaba de comprender que la culpa es del sistema político que urge ser reformado.

Dicha peligrosa división puede trasladarse al electorado popular, la otra parte que permite controlar, aunque en menor medida, como hemos visto, a la oligarquía partidaria. Aristóteles ya previó este modelo político de mezcla entre oligarquía y democracia. Más posibilista que Platón, lo tuvo por un modelo válido, siempre que la oligarquía fuese capaz de controlar sus excesos. Pero lo que observamos en el caso español es que una parte importante de la oligarquía no es capaz de controlar su deseo irrefrenable de estar en el machito, estando dispuesta incluso a romper la Constitución. De ahí que la crisis en la que estamos entrando será profunda, si no se detienen tales excesos.

Final de Régimen

No se trata de una profecía, sino de una tendencia que, como no parece que se va a corregir, acabará llegando a su fin. Dicho fin no es el fin de España, como desean en el fondo los separatistas, sino el fin de un modo de entender España que ha predominado los últimos 40 años. Por eso se puede denominar Régimen de la Transición lo que vino después de ésta y que ahora está en lo que parece su crisis final. Lo denominamos Régimen, porque esa Transición se malogró, degenerando en lo que llaman una oligarquía, no arbitrariamente constituida, sino refrendada regularmente por las urnas, pero con un fuerte carácter de partitocracia y presta al uso de la demagogia a través del control de prensa, radio y televisión y de una errónea política educativa a través de la LOGSE y la LOMCE.

El inicio de este Régimen político no está en la Transición misma, aunque haya ya en ella había algunas semillas echadas, sino en lo que se denominó la consolidación de la Transición con el aplastante triunfo del PSOE de Felipe Gonzalez tras el fallido Golpe del 23-F. Entonces se declaró la muerte de Montesquieu, iniciándose el denominado bipartidismo imperfecto con la defunción política de Adolfo Suarez y el paso de las minorías catalana y vasca a ejercer de partido bisagra en la disputa bipartidista por el poder entre PSOE y PP. Una consecuencia inevitable de la voladura controlada del centro político, entonces representado por Adolfo Suárez, fue el tener que pagar el precio inevitable para acceder al poder del pacto y la cesión de poder a los partidos nacionalistas catalanas y vascos, que nunca ocultaron sus objetivos separatistas. Aquí está los polvos de donde resultaron los lodos y el enfangamiento de la actual rebelión de la Generalitat. Los intereses de España como nación moderna fueron sacrificados por el plato de lentejas del poder partidista. Y digo España moderna, pues la España actual ya no es la llamada España de la alpargata de la 2ª República, sino la España industrializada cuyo desarrollo se debe al franquismo, aunque la izquierda, que es quien debía haber modernizado a España, no lo hizo por su utopismo y sus divisiones internas. Es cierto que el defecto del franquismo fue su apego ciego a la Iglesia en perjuicio de un pensamiento filosófico más a la altura de los tiempos, como el que representaba Ortega y Gasset y su Escuela. Quizás Franco pensó entonces lo mismo que Napoleón: "Un cura me ahorra cien policías". Pero, a largo plazo la Iglesia del Concilio Vaticano II y del cardenal Tarancón daría la espalda al Régimen acercándose a dialogar con el marxismo.

Con ello tenemos una España que llega a la Transición como un gigante económico que se acerca a los niveles de vida de Francia, Italia, etc., pero aquejado de un vacío ideológico, tras la espantada de la Iglesia, como ha señalado certeramente Pio Moa. La derecha no se preocupó de rellenar ese vacío ideológico que dejó el franquismo y la izquierda mayoritaria socialista, aunque abandonó el marxismo, tampoco recurrió a fomentar los valores de una socialdemocracia reformista. Predominó en ambos una tendencia pragmática de hacer lo posible por conquistar el poder partidario, para lo cual se atribuyeron los valores de una ideología democrática estándar y homologada por Europa y USA, que se puede definir como lo que llamaba Ortega y Gasset una "democracia morbosa" o, más recientemente Gustavo Bueno, como un "fundamentalismo democrático". Pero esa concepción de la democracia, unida a la denominada Ideología de Género en el terreno personal y al Multiculturalismo en el terreno Global, es la que está provocando fuertes crisis que afectan al tradicional terreno de la familia y de la identidad nacional de los grandes Estados Modernos. El síntoma más preocupante es el surgimiento del populismo, tanto de derechas como de izquierdas, que amenaza con encrespar las relaciones internacionales y con crisis a niveles nacionales, como es el caso de España, en la que se pretende romper la unidad e identidad nacional.

Ante tal situación, el bipartidismo imperfecto, que constituyó la característica del Régimen surgido de la Transición, está ya saltando por los aires. Pueden pasar muchas cosas, pero todas ellas Seguramente no conseguirán nada más que aumentar el desgobierno y la invertebración de España. Vuelven los demonios particularistas, que Ortega denunció, a enfrentar y separar a los españoles. Pues el problema que tenemos hoy, para enderezar el rumbo y no naufragar como Estado, es el problema de acabar con el vacío ideológico que se puso de manifiesto tras la muerte de Franco. Ya no nos vale una mera homologación ideológica europea para ir tirando, que además está también en crisis. No, ahora debemos, como en los tiempos de Ortega, atrevernos a plantearnos de nuevo la pregunta: ¿qué es España? y cómo se debe construir una España democrática y liberal, sin naufragar en el intento.

Renacionalizar la Monarquía

Opinaba Ortega y Gasset, en su conferencia de 1931, *Rectificación de la República*, sobre la llamada Monarquía de Sagunto, la de Alfonso XII y Alfonso XIII:

"España es el país entre todos los conocidos donde el Poder público una vez afirmado tiene el mayor influjo, tiene un influjo incontrastable porque, desgraciadamente, nuestra espontaneidad social ha sido siempre increíblemente débil frente a él. Pues bien, la monarquía era una sociedad de socorros mutuos que habían formado unos cuantos grupos para usar del Poder público, es decir, de lo decisivo en España. Esos grupos representaban una porción mínima de la nación; eran los grandes capitales, la alta jerarquía del ejército, la aristocracia de sangre, la Iglesia".

La salida de España de Alfonso XIII no fue más que el resultado inevitable de lo que Ortega consideró una política que se hacía en beneficio de unos pocos, orillando la necesidad de una Gran Reforma orientada a la regeneración nacional. Dicha Reforma política, según Ortega, consistiría en la europeización de España y la descentralización Autonómica para revitalizar las provincias. Ello se llevó a cabo en la llamada Transición a la Democracia con la Monarquía de Juan Carlos I, el cual fue entonces consciente de que la Monarquía, si quería subsistir, debía atender al interés nacional y, por ello, se presentó entonces como Rey de todos los españoles.

El comienzo de su reinado fue espectacular, pues acertó eligiendo a Torcuato Fernández-Miranda y a Adolfo Suárez, los otros protagonistas de la exitosa transición de la Dictadura a la Democracia. Pero pronto todo empezó a torcerse con el golpe del 23-F. El resultado fue la dimisión de Suárez y, lo peor, la desaparición, en la práctica, del centro político. Con ello el Partido Socialista consiguió un sonado triunfo, comenzando una peligrosa política que, entendiendo erróneamente las Autonomías como un camino hacia el Federalismo, (y no como un freno opuesto al Federalismo, tal como propuso Ortega y Gasset en sus discursos en las Cortes de la República), comenzó el proceso de desnaciona-lización de la política española, necesaria para conseguir el apoyo de las minorías nacionalistas vasca y catalana para acceder al Poder en Madrid.

Dicha política desnacionalizadora, lejos de cambiar, se reeditó de forma aumentada con Aznar y el Partido Popular que derrotó a Felipe González. Durante varias décadas, al margen de quien gobernase, se mantuvo de forma constante la desnacionalización de España, como si fuese un ortograma, debido también a que la espontaneidad crítica de la sociedad española seguía siendo débil por la gran docilidad del votante medio hacia el Poder público, suministrador principal, todavía hoy como en la Restauración decimonónica, de grandes prebendas y privilegios. Así se creó un "sistema de intereses" mutuos, que fomentaron los dos grandes partidos, grupos bancarios y grandes empresas orientadas a los presupuestos públicos, con el asunto de las concesiones de obras, las mordidas del 3%, etc. Como se gobierna en democracia, y hoy la Iglesia católica ya no tiene la influencia que tenía, se fomentó la creación de grandes grupos de comunicación periodística, dóciles al poder por las subvenciones del Gobierno de turno y la publicidad de los grandes bancos y empresas allegadas al Poder. Asunto muy grave, pues el periodismo, como ya sostenía Ortega, es el aparato del "poder espiritual" de las sociedades modernas. El precio que ha pagado por reflejar, salvo pequeñas excepciones, solo los intereses de la oligarquía a la que sirven, y no los intereses nacionales, ha sido el envilecimiento y el desprestigio actual de las *fake news*.

Debido, por ello, a la debilidad de la Sociedad Civil española, como apuntan algunos, y aún más a la poca vitalidad de las Autonomías que, en vez de orientarse hacia sus propios intereses económicos locales de mejora de la industria, la vida rural, etc., han sido contentadas con la satisfacción "nacionalista" de sus diferencias folklóricas, lingüísticas, de su orgullo provinciano, etc., debido a todo ello, la desnacionalización de España ha ido avanzando hasta el estallido de la rebelión de la Autonomía catalana.

Ante dicha rebelión anti-española ha habido, sin embargo, dos reacciones inesperadas: una la exhibición de banderas en las ventanas y las manifestaciones por toda España y otra el discurso del 3 de octubre del Rey Felipe VI, en el que defendió apasionadamente la unidad de la nación y la Constitución por encima de particularismos. Con ello la Monarquía, que con Juan Carlos I fue débil y pasiva ante la desnacionalización, parece volver a buscar la confluencia re-nacionalizadora con las fuerzas políticas emergentes que ahora parece encabezar un nuevo centro político. Continúe por ese acertado camino, Majestad, y felicidades por su cumpleaños.

¿Podría España llegar a ser la Alemania del Sur?

Decía Einstein que lo más importante era no parar de hacer preguntas. Pero dichas preguntas no son las preguntas que a determinada edad no paran de hacer los niños, volviéndose insoportables y pesados, pues son preguntas que suponen un método y una estrategia previa. La estrategia de Einstein era diseñar una física relativista buscando su analogía funcional con la física clásica de Galileo y Newton. En tal sentido sus preguntas iban orientadas por tales analogías previas, de tal forma que, al comparar, surgían diferencias que permitían plantear nuevas preguntas, las cuales llevaban a nuevas comparaciones, en un proceso transformador que abría nuevas e insospechadas formas de ver e interpretar los procesos del mundo físico.

Fue Ortega y Gasset principalmente quien dejó de seguir la tradicional comparación imitadora de España con Francia para buscar la imitación de la Alemania moderna que en su época estaba emergiendo ya como gran potencia. Pero Ortega no pretendió una mera imitación "reproductora" de lo alemán, frente a tantos que le acusan de esto sin haberlo leído suficientemente, sino una imitación creadora o productora de una necesitada modernidad española. De ahí que su famosa pregunta, ¿qué es España?, sea planteada en analogía con los famosos *Discursos a la Nación alemana* del filósofo Fichte. Así, siguiendo el hilo conductor analógico, se pregunta cómo hacer la Gran Reforma política en España, observando cómo, a diferencia de lo que ocurrió en Francia, en Alemania surge la Nación política en la República de Weimar tras la decadencia de su Imperio.

Alemania se organiza entonces en Republica Federal con sus *Länder*, por ello España, tras la pérdida de su Imperio, debía modernizar también su estructura estatal acabando de generar la Nación moderna, que ya se había proclamado en Cádiz, con una división igualitaria Autonómica de su Estado, como los *Länder* de Alemania (la fórmula de "café para todos" de Suarez es la igualdad Autonómica que propuso Ortega) y no con Autonomía solo para Cataluña, Vascongadas y Galicia como aprobó la II República. Pero marcando la diferencia entre Federalismo y Autonomismo, que Ortega señaló en un famoso discurso en las Cortes de la Republica, por la existencia de un Estado ya unitario en España desde los Reyes Católicos, frente al atraso histórico en la unificación alemana. Pues el Federalismo en Alemania era positivo en tanto que centralizaba y unificaba poderes soberanos dispersos, mientras que en España el Federalismo sería un retroceso en tanto que trataba de romper una unidad soberana ya existente.

Todo esto está de nuevo de inquietante actualidad, porque no se han seguido los consejos de Ortega y se ha cedido soberanía y determinadas Competencias, como la Educación a las Autonomías. Pero volvemos a preguntar, ¿Por qué no se ha seguido a Ortega? Respuesta: por la vuelta de unas élites meramente imitadoras, antes de lo francés y ahora acríticamente de lo alemán, impulsadas ya desde la influencia de Willy Brandt en el PSOE de Felipe González. Hoy, ante el rumbo catastrófico que ha tomado la Democracia española, con riesgo de ruptura de la Nación, se ha abierto la posibilidad de una reflexión sobre el fracaso de estas élites. El éxito de María Elvira Roca Barea con sus libros *Imperiofobia* y *Fracasología* así lo atestigua. Pero ¿hay élites de recambio a estas meramente imitadoras y reproductoras de lo de fuera? Creemos que, por ventura, si las hay, aunque están marginadas por el poder dominante. Son ya élites propias de una sociedad moderna. Son esencialmente dos: las élites filosóficas que sustituyeron a los teólogos medievales y las élites de empresarios banqueros e industriales que sustituyeron a los guerreros y señores feudales. Las filosóficas se empiezan a desarrollar con Unamuno y Ortega. Continúan, ya desde el final del franquismo, con la obra de Gustavo Bueno que parte, no ya de escolásticos tomistas, aunque los conozca y estudie cuanto de Spinoza, el gran filósofo moderno judeo-español interpretado al modo materialista dialéctico marxista de moda en los años 70.

Por ello, gracias al esfuerzo titánico de los Unamuno, Ortega y Gasset, Gustavo Bueno y otros, algunos españoles hemos empezado a amueblar y poner un nuevo orden en nuestras cabezas pensantes, más adecuado a la moderna situación en la que nos encontramos. Esta sería pues la base para renovar las élites pensantes. Las élites económicas han tenido una irrupción más patente, pues España ha conseguido una alta penetración y crecimiento de sus grandes bancos y empresas industriales en Hispanoamérica y Brasil, situándose a la par con el propio EEUU en nivel de inversión a gran distancia del resto de países. Ha producido también lideres industriales creadores de grandes empresas y bancos como Amancio Ortega y otros. Aquí están, pues, los vectores de una "Alemania del Sur". Falta su conjugación política.

Autonomías

versus

Federalismo

El separatismo y la democracia española actual

El mal que está minando la actual Restauración Democrática es muy diferente del que afectó mortalmente a la Restauración decimonónica. Ya no es el caciquismo de la compra del voto. El mal es nuevo, es el crecimiento del separatismo. Ortega sostenía que el caciquismo no era un producto conscientemente buscado por los que instauraron aquel régimen, sino que era un resultado inexorable y necesario del choque de la Constitución con el país real, debido a que, en los distritos rurales, que eran la mayoría en una España todavía eminentemente agrícola y atrasada, el elector llamado a votar no entendía, por su incultura y atraso, las diferencias ideológicas entre conservadores, liberales, etc. Y por tanto se abstenía. Como no había elección, el Gobierno nombraba, por defecto, esto es, sin votos, a los llamados diputados "cuneros". Estos eran entonces los encargados de repartir los fondos gubernamentales para hacer obras y otras cosas que afectaban directamente la vida y haciendas de los rurales. Entonces es cuando aparece el avispado cacique rural que convence a aquellos ignorantes electores para que le voten a cambio de un dinero, que le compensaba adelantar por cada voto, con vistas a obtener, como representante electo por verdadera votación, los cuantiosos dineros y beneficios gubernamentales que se encargaría de administrar en su personal beneficio. Así había elección donde antes predominaba la abstención, solo que la elección se basaba en la corrupción. No obstante, el Régimen no podía subsistir de otra forma y pudo resistir mientras la suma de diputados de las grandes ciudades, donde no había necesidad del caciquismo por la mayor cultura política ciudadana, y la de los cuneros, fue mayor que la de los corruptos distritos rurales. Pero en el momento en que estos últimos fueron mayoritarios y con capacidad para chantajear con chulería al propio Gobierno, el Régimen canovista se hundió en crecientes desordenes públicos por el desgobierno del poder central.

Por ello, es preciso hacer un análisis comparativo con lo que está pasando hoy con el crecimiento del separatismo catalán y vasco. Estos lodos vienen de un problema diferente. Hoy España ya no es aquel atrasado país rural, sino un Estado industrial moderno, que se estaba ya acercando a converger realmente con nuestros vecinos europeos más industrializados. El separatismo, como antaño el caciquismo, no hay que verlo necesariamente como un resultado de la mala fe de nuestros políticos, sino que deriva de una carencia no prevista de los propios electores españoles. Esta carencia la situaríamos en la mentalidad política persistente en el electorado de las "dos" Españas, reflejadas en los dos grandes partidos, PP y PSOE, y la debilidad electoral de una "tercera" España. Esta es la que, integrada por las capas más tolerantes de la sociedad española, debía votar a partidos centristas que hiciesen de balanza y equilibrio del poder, como ocurre en otros países europeos con los partidos liberales (Alemania, Inglaterra, etc.). En el inicio del actual Régimen político existieron propuestas de tales partidos, como el CDS de Adolfo Suarez. Pero electorálmente no consiguieron convertirse en bisagras del sistema bipartidista determinado por la Ley d'Hont. La llamada Tercera España no votó con suficiente fuerza a dicho partido y entonces ocurrió necesariamente algo inesperado: el papel de bisagra, ante el empate de las dos grandes fuerzas políticas de conservadores y socialistas, pasó a ser desempeñado por las minorías separatistas de catalanes y vascos, que habían sido beneficiados por el sistema electoral impuesto con una ponderación alta del peso nacional de sus votantes.

Estas minorías, en principio no mostraban ningún interés por la democracia o la Constitución española. Incluso los peneuvistas vascos no la votaron. Pero todo cambió cuando comprendieron que apoyar con sus votos al Gobierno nacional permitía una mayor transferencia de competencias administrativas que aumentaban su capacidad de autogobierno y su camino hacia la meta independentista, a la que nunca habían renunciado. Las transferencias competenciales han sido tan desmesuradas que el Gobierno central cada vez se veía más impotente para controlar y gobernar extensas áreas del territorio nacional, el cual se cuartea por la conversión de facto del Régimen Autonómico inicial en un Régimen Confederal, en una especie de Reinos de Taifas.

Por ello estamos alcanzando el momento en el que esta 2ª Restauración empieza a naufragar ante la chulería chantajista del independentismo aliado con el republicanismo totalitario de Podemos. Pero hoy no parece posible un Primo de Rivera. Solo la "dictadura de Bruselas" podrá frenar por un cierto tiempo, como en Grecia, un desgobierno autodestructivo. Queda la esperanza de que el reformismo centrista llegue a ser entonces, no una opción electoral más, sino una necesidad imperiosa.

La Constitución española y Leibniz

G. W. Leibniz, el filósofo alemán de quien conmemoramos el pasado año el tercer centenario de su muerte, ejerció cierta influencia en algunas ideas políticas de Ortega que tienen que ver con su concepción liberal y autonomista en relación con la forma de afrontar la Reforma Constitucional en España. Leibniz puede ser tomado como modelo de una posición filosófica cuidadosa de evitar los excesos de los extremos, navegando entre scila y caribdís.

Por ello queremos resaltar aquí el leibnizianismo profundo de Ortega al diseñar el modelo de la división territorial en Autonomías que se plasmó en la Constitución de 1978. Pues lo esencial en él es el entendimiento de la realidad como una realidad plural, constituida por una multiplicidad de mónadas o unidades políticas, las Regiones Autónomas, a las que el Estado central, cual mónada de las mónadas, crea y dota de las Competencias necesarias para que puedan vivir y desarrollarse sin necesidad de ventanas al exterior, es decir sin tener que, en lo sustancial, recurrir continuamente a Madrid o a otras Autonomías más ricas.

Pues se establece desde el principio una separación de poderes locales y nacionales, por la cual las Competencias regionales no son, para decirlo al modo de Spinoza, al que Leibniz se oponía, meras atribuciones de una única Sustancia de Poder residenciada en Madrid, sino que son atribuciones pre-programadas de una pluralidad de sustancias creadas por la mónada central, las cuales no existirán o perdurarán por un mero mandato centralista, sino que ello será posible en tanto que sean composibles con las mónadas restantes. De ahí que la creación de estas unidades regionales deba ser leibnizianamente calculada con gran precisión, como muestra el ejemplo orteguiano de la definición operativa de la Autonomía andaluza, partiendo del pequeño municipio que vive de una plantación de olivos, que no se detiene en los límites del municipio, sino que envuelve al siguiente y al de más allá, rebasando incluso la provincia, constituyendo una unidad de producción que requiere para su óptimo funcionamiento la creación de la completa entidad regional. Según este criterio, se justifica asimismo la existencia de una comunidad tan pequeña como La Rioja por la importancia y la fama de sus vinos, o de 1as Baleares por el turismo.

En segundo lugar, el papel que le corresponde a Ortega con respecto a la regeneración de España podría parangonarse con el que le corresponde a Leibniz respecto a 1a regeneración y modernización de Alemania. Pues su propuesta para la Reforma del Sacro-Imperio está realizada desde una *Realpolitik* que elude todo utopismo e idealismo y tiene en cuenta los particularismos localistas. Leibniz se convirtió cada vez más en abogado de la autonomía de los Estados particulares, pues era la única que podía garantizar un resurgimiento económico del decaído Imperio Sacro Germánico, cuando la soberanía del emperador languidece y se convierte en un obstáculo en lugar de ser un motor de progreso. Leibniz pensó entonces de manera más sensata que los partidarios de un patriotismo fanático.

De manera semejante a Locke, aunque en una dirección muy diferente, habría propugnado una separación de dos poderes para regenerar la política alemana, los poderes del Emperador y los de los *Länder* o estados particulares. Ortega se asemeja a Leibniz al distinguir, dentro del Estado español, el Poder de las Regiones o Grandes comarcas, equivalentes de los *Länder* alemanes. De tal forma que el programa orteguiano pasa por distinguir y separar rigurosamente el poder supranacional ("Europa es la solución"), el Poder de Madrid, el poder de las Regiones, y por último el Poder Municipal. La articulación de dichos Poderes debe ser objeto de preciso cálculo, sustanciado en las transferencias de Competencias en el número y medida que garanticen la composibilidad leibniziana.

Es curioso observar también cómo la modernización de países como Inglaterra o Francia se basó esencialmente en la separación de poderes propugnada por Locke y Montesquieu, continuando mezcladas las cuestiones nacionales y locales, lo cual no representó obstáculo alguno para el éxito de ambas Revoluciones, mientras que en la modernización de Alemania o de España predomina la separación leibniziana de lo nacional y lo local, padeciendo de confusión la separación del Poder Judicial, con el característico y germánico Tribunal Constitucional, que en la actual España autonómica depende excesivamente de cuotas de partidos. Aunque este obstáculo encuentre cierto contrapeso en el carácter indomable y orgulloso del tradicional individualismo anarquista ibérico, cuya manifestación extrema lleva, en situaciones críticas, al radicalismo quijotesco representado hoy por Podemos.

Ortega y las Autonomías

Ortega, en *La redención de las provincias*, se da perfecta cuenta de que es necesario hacer un vestido nuevo y a medida del cuerpo político español. Ahí es donde, en el capítulo final, hace la propuesta de autonomía para todas las regiones españolas que él fija en una división muy similar a la actual. Dicha propuesta autonómica surge como resultado de la crítica del centralismo de la Restauración canovista. Por ello hay que entender las Autonomías dialécticamente como negación y superación del fracasado sistema centralista de la Restauración. Todo el libro, para el que lo quiera ver y leer, está hecho según el modelo de lo que los matemáticos llaman una demostración por reducción al absurdo: Ortega parte de que la Constitución canovista era bien intencionada, pero al ponerla en marcha, como España no es Inglaterra o Francia, donde constituciones similares habían funcionado, no funcionó, apareciendo los famosos monstruos de la oligarquía y el caciquismo.

Por ello Ortega señala que España, a diferencia de aquellos poderosos países, es un país donde predomina el localismo. Ese localismo hizo que Madrid no haya jugado el papel dirigente y de prestigio cultural de un Londres o París. La influencia de Madrid terminaba pasando la sierra de Guadarrama. El localismo o particularismo, para Ortega, es la circunstancia española y por eso, en vez de negarlo o reprimirlo habrá que utilizarlo diseñando un nuevo dispositivo territorial que permita explotar sus virtualidades políticas. El localismo es, según Ortega, la resistencia que en España se presenta a toda reforma regeneradora, por ello en vez de soñar con eliminarlo, como la paloma platónica que creería poder volar mejor sin la resistencia que el aire le opone, lo mejor sería construir un dispositivo aerodinámico que nos permita aprovechar dicha resistencia para, apoyándonos en ella, conseguir levantar el vuelo y despegar políticamente.

Las Autonomías, por ello, no son una mera improvisación, pues están calculadas por Ortega siguiendo la tendencia liberal de introducir una nueva división del poder, la que conlleva la separación de los poderes nacionales de los locales, propia de los que hoy llamaríamos la democracia de la Tercera Ola de Toffler. Ahora bien, separación de competencias no implica compartir soberanía. Por eso Ortega, en sus intervenciones en las Cortes de la República, defendió el Autonomismo contra el Federalismo que se quería imponer por parte de los republicanos y socialistas. Además, les dijo aquello de que el federalismo, como el de Alemania, más que descentralizar, podía ser de tendencia centralista. Pero si España, por su carácter unitario histórico y su localismo irreductible, precisaba de descentralización, lo acertado era el régimen Autonómico. A Ortega no le hicieron caso aquellos republicanos dominados políticamente por Azaña.

La sorpresa, para mí, se produjo con Suárez y la Transición a la Democracia: unos falangistas aperturistas imponiendo las Ideas políticas de Ortega. Por supuesto que la Constitución de 1978 no es exactamente, en lo que respecta al importante y novedoso capitulo Autonómico, fiel a la letra del filósofo. Por ejemplo, en el caso de la diferenciación entre nacionalidades y regiones. Pero considerando que, del dicho al hecho siempre hay un trecho, la actual Constitución incorpora el espíritu de Ortega. Por ello, creo que como filósofo político ha tenido la gloria de influir en la historia, con su propuesta de separar los poderes nacional y local, como en su tiempo lo tuvo Locke en Inglaterra, con su propuesta de separación del poder ejecutivo y el legislativo. Después de Locke vino el primer ministro Walpole, con el que la izquierda de entonces llega al poder, gobierna unos quince años y se corrompe. Pero Inglaterra supo reponerse sin tener que renegar de Locke ni volver al Absolutismo monárquico. Tratemos por ello de arrojar esta agua sucia de la corrupción, pero con cuidado de no tirar también al niño autonómico.

Pues Ortega señala claramente qué competencias se deben ceder y cuáles no, lo mismo que señala que la propia Autonomía se debe suspender en el caso de que una región enseñe sus bíceps al Estado central, como está haciendo hoy Cataluña. Con respecto a la duplicación de administraciones, de gastos dobles de funcionariado, etc., Ortega también contempla todo esto como un precio político que exige la imposibilidad de acabar con el localismo. Lo mismo con respecto a la Universidad, la cual debería seguir como una competencia central y no caer en el localismo lingüístico. Otra cosa es que los que están hoy al mando de la nave política española, sean malos gobernantes o persigan sus propios fines oligárquicos, para los que les es indispensable estar en el poder a toda costa proponiendo nuevos federalismos o con-federalismos sin haber reflexionado antes lo más mínimo sobre nuestras singulares características nacionales.

Autonomía no es Soberanismo

Una de las confusiones más graves que han propiciado el actual conflicto separatista, que afecta a la Comunidad Autónoma catalana, es precisamente la cuestión de la Soberanía o capacidad que tiene un Estado sobre las decisiones últimas que atañen a su propia existencia como unidad política. Pues, el Estado se constituye, como señala Hobbes, cuando se reconoce en un Soberano, sea ya una persona (el Rey) o un grupo de personas (el Parlamento), el monopolio de la fuerza para mantener la unidad, la seguridad o el orden dentro de ese Estado.

En relación con las relaciones exteriores de ese Estado, puede ocurrir que un Estado busque la alianza con otros Estados frente a terceros. Así, si esa alianza se hace más estrecha y duradera, pueden surgir Confederaciones de Estados, como es la actual Unión Europea, en la que los Estados miembros pueden ceder Competencias, que siempre pueden recuperar, como estamos viendo con el Brexit inglés. Aunque el precio sea elevado, ello no es imposible. Pero, si la unión se hace más estrecha, como ocurrió en USA tras la derrota de los Estados Confederados del Sur en una cruenta Guerra Civil, la Soberanía cedida a Washington, parece ya irrecuperable para los antiguos Estados.

El caso de los Estados soberanos europeos, como España, Reino Unido o Francia, es que siguen siendo, por tanto, Estados Unitarios Soberanos, porque la UE no ha dado el paso hacia un Estado Federal europeo. Y quizás no lo pueda dar nunca. Pero dichos Estados, que han tenido un protagonismo histórico como potencias mundiales de primera fila, hoy han sido relegados, al perder sus Imperios, a potencias de segundo orden en la escena mundial, en relación con los llamados Estados Continentales como USA, China, Rusia, o pujantes potencias económicas como Alemania o Japón.

De ahí viene que su poder, tradicionalmente centralista, se debilite y empiecen a surgir tendencias separatistas en algunas de sus regiones. España lleva en esto la delantera, pues ya a finales del siglo XIX aparece el *problema catalán* y luego el vasco. En Inglaterra esto empezó ahora con Escocia (el caso de Irlanda es diferente). Francia, el país centralista por antonomasia, tiene problemas en Córcega y Bretaña.

Ortega y Gasset ya vió, por ello, la necesidad de regenerar o revitalizar a una España en decadencia. Para ello formuló un programa doble: integrar a España en una especie de unidad confederada europea ("Europa es la solución") y, a la vez, descentralizar el Estado por medio de la generalización de las Autonomías. Ortega creyó que la división de las Competencias del Estado en Competencias Nacionales (Ejercito, Asuntos Exteriores, Justicia, Educación, Economía nacional, etc.) y en Competencias Autonómicas transferibles, en cuanto que tratan de asuntos locales, que no interfieren con los nacionales, podría servir para neutralizar el vicio español del particularismo o localismo, que se había manifestado como letal en el cantonalismo de la Primera República.

Dejando claro que las Competencias las otorga el Estado y, por tanto, pude también retraerlas o suspenderlas. Ortega defendió la generalización del modelo Autonómico (lo que se atribuye a la famosa frase de Suárez del "café para todos", desconociendo que proviene del filósofo quizás a través de Torcuato Fernández Miranda, gran admirador de Ortega) porque consideraba que, con ello, se habría creado el "alveolo" para alojar el problema catalán: todas las regiones al tener Autonomía no la verían como un privilegio solo catalán y, a la vez, Cataluña tendría una parcial satisfacción a lo que de justas pudiesen ser sus reivindicaciones particularistas o "nacionalistas". Con ello quedaría sin fuerza su particularismo separatista, pues no se podría alimentar de motivos de queja razonables, acabando por degenerar en un movimiento utópico e irreal, que es lo que representa hoy el iluminado Puigdemont.

Inglaterra, después de observar la llamada Transición española, nos copió discretamente el modelo Autonómico, creando los Parlamentos regionales de Irlanda del Norte, Escocia y Gales. No es cosa banal que la inteligente Inglaterra copie hoy a la antigua temible rival y hoy tenida por atrasada, y en parte colonizada, España. Incluso, como Ortega preveía, cuando los enfrentamientos en el Ulster subieron de tono, Tony Blair suspendió su Autonomía por cinco años nada menos.

Sin embargo, Cameron, creemos, cometió un grave error al permitir el Referendum escocés pues, con ello, empieza el cuento de nunca acabar, pidiendo otro, como en Quebec. Debería haber negado la consulta y amenazar con intervenir la Autonomía escocesa, como, a trancas y barrancas, se está haciendo en España con Cataluña. Pues, ya decía Ortega que: "Ahí (en la Autonomía) está, señores, la solución, y no segmentando la soberanía, haciendo posible que mañana cualquier región, molestada por una simple ley fiscal, enseñe al Estado, levantisca, sus bíceps de soberanía particular".

¿Ha fracasado la solución Autonómica?

La sublevación de la minoría separatista catalana ha marcado el acontecimiento político más importante del año 2017, y quizás de las últimas décadas, pues habría que remontarse al golpe de Estado del 23-F para encontrar una situación tan crítica para la Monarquía parlamentaria que rige en España desde la llamada Transición a la Democracia.

De la misma manera que se ha magnificado el 23-F en el que, en realidad, al parecer hubo dos golpes, uno duro, el de Milans y Tejero, y otro blando, el de Armada, que se neutralizaron y fue el Rey, como árbitro, el que inclino la balanza finalmente para restablecer la situación y restaurar la legalidad que se pretendía conculcar, de igual forma el golpe de Puigdemont se paró por una doble reacción, la de la justicia que actuó a instancia de denuncias de Vox y particulares y, finalmente, con la aplicación del artículo 155 que la Constitución preveía para circunstancias de este tipo.

Dicha intervención se hizo por parte de un dubitabundo y tardío Mariano Rajoy, que no tuvo más remedio que cumplir con sus funciones presidenciales y retirarles las Competencias de Gobierno a la Generalidad, en tanto que eran prestadas por los únicos detentadores de la soberanía nacional, los españoles. Mariano, dubitativo antes, jugo a continuación a la ruleta la suerte de los separatistas, convocando unas elecciones precipitadas en las que el separatismo, a pesar del espectacular y esperanzador ascenso de Ciudadanos, se ha tomado una revancha propagandística y un resuello que le da una nueva esperanza de reiniciar el Proceso separatista, aunque a más largo plazo. No se trata de pensar que un problema que se ha gestado durante tres décadas por la alianza entre las oligarquías partitocráticas madrileñas y los separatistas catalanes se vaya a resolver ahora con una mera intervención jurídica, aplicando el artículo 155 de la Constitución. Es necesario un giro de 180 grados en la política seguida en las últimas décadas por la mayoría del arco parlamentario, que consiste en seguir "dialogando" y cediendo ante las pretensiones separatistas.

Esta nueva política debería hacer lo contrario, debería tratar de aislar a los separatistas, que como se ha comprobado, no representan a la mayoría de los catalanes, sino que son un minoría radical y además utópica y muy peligrosa para la actividad industrial en Cataluña. Precisamente esta es la política que recomendaba Ortega y Gasset, al que consideramos el padre filosófico de la solución autonómica, de aislar al separatismo por medio de la descentralización Autonómica, como un medio de quitar argumentos a los separatistas en su queja ante el Estado central, ante asuntos que pueden afectar a la mayoría de los catalanes, para dejarlos con las pretensiones separatistas puras, que solo interesan a una minoría integrada por soñadores, chiflados y algún que otro pillo, como los integrantes de la familia Pujol y adláteres.

Para ello, se necesitan nuevos políticos que, si no leen los correspondientes textos de Ortega, en los que defendió su idea de las Autonomías ante las Cortes de la 2ª República, porque como hombres de "acción" no lo suelen ser de lectura y reflexión, tengan asesores adecuados que se los expliquen. Dichos textos por los que podían empezar son los discursos *Federalismo y autonomismo*, *El Esta-*

tuto de Cataluña y el libro *La redención de las provincias*. Léanlos y reléanlos despacio porque, con el tiempo transcurrido, y encontrándonos ante los mismos problemas que los provocaron, adquieren una profundidad y justeza como no se les pudo dar en su tiempo, estando además llenos de gran utilidad hoy. Pues los graves problemas que plantean las Autonomías hoy, como son las tendencias separatistas, el convertirse en reinos de taifas, con unos parlamentos regionales inflados y una tendencia al despilfarro derivan de esta vieja política equivocada que se ha llevado a cabo en las últimas décadas y no de la idea Autonómica como solución precisamente para frenar el separatismo, tal como la formuló Ortega.

Algunos pretenden volver al centralismo jacobino, como en la época de Felipe V o de Franco. Pero ese centralismo solo funcionó con una monarquía absoluta o con una dictadura, que pudo ser necesaria como solución provisional en circunstancias extremadamente graves, pero no como una solución más estable y duradera. La otra solución, el Federalismo o Confederalismo, que defiende la izquierda, también la critica Ortega, como una solución que vale cuando hay varias soberanías que buscan unirse, pero no cuando ya hay una única soberanía como ocurre en España.

Las Autonomías y la Constitución

La actual Constitución es la primera Constitución liberal democrática que más éxito ha tenido a partir de su implantación, en comparación con intentos anteriores similares. La gana todavía en duración la Constitución de la Restauración decimonónica. Pero dicha Constitución no se sostuvo más que con la compra del voto por los caciques oligarcas, como en su tiempo fue denunciado por Joaquín Costa, lo cual condujo a una crisis política que trajo como resultado la dictadura de Primo de Rivera. Aquella Constitución liberal fracasó, a juicio de Ortega, expresado en La redención de las provincias, porque no era más que una imitación de la Constitución inglesa que no tenía en cuenta las características diferenciales propias de la sociedad española.

La Constitución Autonómica actual también es presentada por

algunos como una imitación de la Constitución federal alemana, Pero no hay tal imitación. El autonomismo no es una imitación del federalismo. Es una vía nueva, inventada por un filósofo liberal español, Ortega y Gasset, que trata de evitar tanto el modelo de Constitución liberal centralista, a la inglesa o francesa, como el modelo liberal federalista de la vigente Constitución alemana de Bonn.

La Constitución actual, en su rasgo más característico, el Titulo VIII, es única en tanto que ofrece una nueva solución en la organización territorial del Estado democrático. No es un federalismo capitidisminuido o vergonzante, pues el federalismo supone que las partes, los estados o Länder, son soberanas y se unen cediendo soberanía. Por el contrario, las Autonomías no pueden ceder soberanía sencillamente porque nó la tienen. Sólo pueden pedir que el Estado central, que existe previamente a ellas, como producto de una larga historia, les traspase o no competencias, sin tocar la soberanía, que es indivisible. Además, no todas las competencias se pueden traspasar sin poner en riesgo la existencia de la unión que garantiza el único soberano Estado central. Por ejemplo, el mando del ejército, la política exterior, la justicia, educación, etc. Por ello autonomismo no es federalismo. Por supuesto tampoco es centralismo. Centralismo lo hubo en España, no tanto desde los Reyes Católicos, cuanto desde Felipe V, el primer Borbón, en la forma de una monarquía centralista absoluta.

Con la Restauración decimonónica se ensayó una monarquía constitucional, aunque igualmente centralista, en la que se seguía decidiendo todo en Madrid, la cual condujo a los desastres del 98 y al enconamiento de las tendencias separatistas vasca y catalana. El actual modelo Autonómico, que algunos llaman displicentemente del "café para todos", ignorando las discusiones y puntos de vista filosófico-políticos que están detrás, es un modelo que fue instaurado tras el largo paréntesis del centralismo bonapartista de Franco, por la propia monarquía en su segundo intento de adaptarse al régimen democrático-liberal. Pues el Rey apoyó a Torcuato y a Suárez, quien impulso la generalización del autonomismo, recomendada por Ortega. Los socialistas que asumieron y desarrollaron el autonomismo en los posteriores gobiernos de Felipe González, actuaron tendiendo a transformándolo en un federalismo. Y esto es lo grave del asunto.

La Constitución actual debería retomar, por ello, las Ideas de Ortega, del autonomismo frente al viejo centralismo y el federalismo o con-federalismo instaurado de hecho. Es, además, una Constitución con una fuerte base filosófica raciovitalista orteguiana. Podrán seguir desarrollándose aspectos particulares en función de lo experimentado hasta la fecha o introduciendo cambios sin tocar las paredes maestras que establece su filosofía. Pero lo que si sería muy peligroso y decepcionante es tratar de cambiar el modelo Autonómico por una copia o imitación del modelo federal alemán. Pues España es un país con una personalidad histórica y cultural tan fuerte que no le valen las imitaciones, como ya se comprobó con Felipe V y con la Restauración decimonónica.

España debía inventar su camino de modernización. En dicha línea se ha instaurado la Democracia Autonómica liberal actual. Pero es preciso recordar que como innovación histórica no la inventó el pueblo, ni fue producto del azar. Sólo alguien con conocimientos filosóficos, históricos, políticos, etc., como Ortega y Gasset, pudo pensar una nueva forma de Constitución que, adecuándose como el guante a la mano, a las peculiaridades hispanas, rivalizase con los modelos de Constitución política de Francia, Inglaterra o Alemania. Por eso Inglaterra, que ha demostrado en circunstancias difíciles ser un pueblo de una gran inteligencia política, está copiándonos el modelo, aunque no lo diga, con su descentralización de Gales, Escocia e Irlanda del Norte. Ojalá esta vez no triunfe de nuevo el odio a la inteligencia, para regocijo de nuestros colegas y a la vez rivales europeos, y se respete el acierto de nuestro gran legislador filosófico.

Rebelión de las masas y tiranía de las minorías

Un nuevo fenómeno político-social comienza a arribar a nuestras playas políticas provocando una profunda división en el país: la equiparación en derechos y consideración social de las minoritarias uniones entre homosexuales con las mayoritarias uniones hetero-sexuales. El gobierno de Zapatero decidió dar el paso para que la voluntad de una minoría social homosexual se equipare a la mayoría heterosexual en la consecución de iguales derechos, incluidos los derechos de adopción y crianza de niños. El fenómeno está ocurriendo también en USA y no es privativo de España. Por ello, para analizarlo a fondo es preciso ir más allá de la mera constatación de enfrentamientos con la mentalidad católica tradicional, etc., que sostiene una única forma valida de matrimonio, orientado a la procreación, etc. Pues dicho enfrentamiento no nos parece que sea un episodio más del tradicional choque entre reacción y progreso en la extensión de las libertades individuales o sociales.

Se puede buscar otra explicación, pues creemos que el problema no está aquí. El problema está quizás en que, debido al creciente predominio de la demagogia sobre la democracia, determinados partidos políticos tienden a defender los principios de la democracia como una nueva forma de régimen absoluto en el que la democratización no tiene límites. Es decir, no entienden la democracia al modo liberal, esto es como democracia con límites marcados por la separación y equilibrio de poderes que inventaron Locke y Montesquieu, sino que la entienden como que el ser ciudadano de un país democrático hace a todo el mundo igual tanto en su derecho a votar, lo cual es ciertamente legítimo, como en cuanto a sus opiniones sobre todas las cosas sin límite ninguno.

La masa se convierte así en rebelde e indócil pues le está permitido, por el carácter absoluto de la democracia, que cualquiera iguale su opinión con la de otro ciudadano cualquiera por muy sabio que este sea. De dicha igualación, en cuestiones por naturaleza desiguales en su conocimiento y tratamiento, como puede ser lo que tiene que ver con materias de tipo moral y jurídico, que por muy científicamente que se presenten son siempre prudenciales, resulta un ambiente de supresión de toda barrera crítica y de imperio del todo vale. Es entonces cuando la masa se encuentra desarmada ella misma por ceder al deseo de hacer lo que le viene en gana y no sujetarse prudencialmente a ninguna opinión que se presente mejor fundada o documentada que otra. En tal estado anímico una minoría bien organizada puede conseguir que la mayoría acepte que derechos limitados por minoritarios se equiparen a todos los efectos y sin ninguna limitación con los derechos mayoritarios. En tal sentido se buscará que una lengua minoritaria hablada por centenares o miles de personas busque equipararse a todos los efectos con una lengua internacional hablada por millones o cientos de millones de personas. O que grupos cuyas prácticas sexuales corresponden estadísticamente, con una frecuencia histórica y no meramente circunstancial, a una minoría social, pretenden equipararse con las conductas sexuales mayoritarias que han marcado y siguen marcando la norma social. Si lo consiguen, por neutralización de las masas que se muestran indóciles a todo sentido común, presas de su propia estupidez, habrán conseguido imponer una especie de tiranía, indicio de la cu al es eso que se empieza a llamar lo "políticamente correcto".

Uno de los síntomas de la tiranía es la arbitrariedad del déspota que conduce a actitudes que justifican los mayores caprichos o estupideces que rayan tantas veces lo ridículo y lo cómico, pero que puede resultar trágico mofarse de ellas, pues la risa irrita sobre-manera a los tiranos. Seguir diciendo, cuando se habla en español, A Coruña o Lleida, en vez de La Coruña o Lérida, como hacen tantos locutores de radio o televisión, debería llevarnos a decir London o Beijing en vez de Londres o Pekín. Pero no deja de ser chistoso recordar de modo políticamente correcto aquella famosa película de "55 días en Pekín" como "55 días en Beijing". Y si se hace tal ridículo sólo es por el miedo a los nuevos tiranos. Platón ya detectó, ante la primera democracia histórica, la causa que la llevaría a su destrucción, la demagogia asamblearia que condenó a muerte al mejor ciudadano ateniense, Sócrates.

La democracia con separación de poderes es lo que caracteriza la democracia moderna. Por ello, cuando se pretende violentarla para transformarla en una tiranía encubierta se trata de desmontar la separación de poderes, politizando a la justicia o judicializando la política o rompiendo el equilibrio en la separación de los poderes autonómicos. A todo ésto estamos asistiendo en los últimos tiempos mediante el caballo de Troya que introdujo en España el gobierno de Zapatero.

La Era de lo minoritario

La época actual, en la que irrumpe lo que he denominado en otros lugares *la rebelión de las minorías*, es también la época del arte minimal, del *small is beautiful*, de lo *light*, de las jergas y argots, etc.

91

Lo trágico del asunto es que el consumo de estas creaciones minoritarias es masivo y normalizado, con lo que inmediatamente se desvirtúan, convirtiéndose dicha creación en una impostura, en un producto *kitsch*, falsamente minoritario. Pero el imperio de las minorías, bajo el que empezamos a estar todos cada vez más sometidos, aunque tenga manifestaciones brutales y violentas como las del terrorismo, sea este etarra, corso o islámico, se aprovecha sobre todo de un estado psicológico que haya sus formulaciones, ya tópicas, en el auge de las llamadas *enfermedades mentales*: la esquizofrenia, la paranoia, etc. Asimismo, encuentra también apoyo en el aumento de las depresiones, y la sensación, muy extendida, de impotencia, alimentada por el imperio de la endémica corrupción oligárquica y el caciquismo mediático asfixiante.

Damos por supuesto que estas minorías no deben confundirse con las élites, entendidas estas en el sentido orteguiano de minorías egregias. Pues estas minorías étnicas, sexuales, etc., no tienen que tener por característica la excelencia. No obstante lo ello, no se trata, sin embargo, de contemplar este sorprendente ascenso de las minorías a la superficie de la Historia con desdén o desprecio. Tampoco por parte de quien sostenga una concepción de la historia cuyo protagonista principal fuesen las masas, las mayorías, los grandes pueblos, etc., organizados y dirigidos por una élite de individuos egregios. Pues, podría esta concepción mantener que la sociedad humana es sobre todo popular, hasta el punto de que sin una egregia aristocracia podría haber sociedad en un caso límite, p. ej. en la época barroca del siglo XVIII europeo, y más concretamente en la España goyesca donde manda lo nacional popular, en la que, como reconoce el propio Ortega, la aristocracia como clase dirigente ha muerto, sin que todavía la sustituya otra élite diferente, la burguesía; sin embargo resulta siempre posible también llamar sociedad, o *sociedad distinguida*, a un grupo en el que está ausente el pueblo. La sociedad por antonomasia, en un estado normal, no obstante, presupone siempre una masa mínima, organizada, o bien diferenciadamente, o bien de forma que predomine la igualdad, pero manteniendo siempre un equilibrio.

Pero, no por ello se debe menospreciar el poder positivo y regenerador de las minorías, siempre que se mantengan dentro de sus límites y función en la historia, sin robar en ningún caso el papel protagonista a las masas, al pueblo. Si lo hacen, ello constituye entonces un estado de rebelión, destinado al fracaso, por irreal.

Mientras esta rebelión no es reprimida se manifiesta como una rebelión equívoca, adoptando y simulando continuamente aires éticos que no pueden ocultar del todo un rastro de impostura. Esto se puede observar cuando el minoritario pide que se declare el fin de la Historia, puesto que ésta, con mayúsculas, es el escenario natural de los grandes pueblos. Las minorías regionalistas suelen interesarse, más que por lo que se llama histórico, por lo antropológico, pues muchas de ellas carecen de Historia documental o, cuando la tienen, no ha sido decisiva para el desarrollo del curso histórico universal. Por ello, sólo si se acaba la Historia se acabará el protagonismo secular del hombre masa y podrá empezar el del hombre-minoría. Pero cuando se acaba la Historia, porque se abandona su punto de vista, la vida humana baja de nivel. Se celebran las derrotas y no las victorias. El falseamiento de la Historia posibilita, evidentemente, estas nuevas creencias. Sin embargo, más que el final de la historia, lo que se produce es una vuelta a su principio, a la época de la primera barbarie, al despotismo oriental. No es casualidad que en los años 60, a través de las minorías hippies, penetrase en Europa y EE.UU. la fuerte corriente orientalizante del Zen y la Meditación trascendental, hasta tal punto que la propia filosofía occidental, a la que se declaró muerta, iba siendo sustituida por estos sucedáneos filosóficos, emanados precisamente de grupos minoritarios, dirigidos por despóticos y poderosos gurús.

Grupos minoritarios, iniciáticos, cuya unidad se basa en una *buena vibración*, un estado de ánimo (*feeling*) por el cual un individuo se siente unido a un grupo de gente afín y, solo a través de éste, con el resto del mundo. De ahí que sólo a partir de la irrupción del romanticismo, en el siglo pasado, se pueda decir que comienza un fuerte interés por esta mística oriental, hoy transmutada en la mística de los nacionalismos. De ahí la influencia del señor Fukuyama con su cantinela del *Final de la Historia* y el peligro de la vuelta de los sátrapas.

La rebelión de las minorías

El hecho quizás más importante, socio culturalmente hablando, en la vida mundial de las últimas décadas nos parece que es el, ya tantas veces señalado, de la "revolución mediática", con la conversión que conlleva de la vida pública en algo próximo a lo que Mcluhan llamó la "aldea global".

Hecho que se ha traducido también en la irrupción de lo local, minoritario y periférico, antes relegado y que ahora prácticamente alcanza un grado de expresión inusitado, desplazando en muchos casos a lo tenido por valores centrales, universales, cosmopolitas, etc. La moda de los espectáculos musicales étnicos, de los problemas de los emigrantes forasteros, de los ecos y cotilleos de la sociedad local, de la cultura como espectáculo y entretenimiento banal, llenan hoy prácticamente los medios audiovisuales, o al menos acompañan continuamente a otros contenidos de tipo cultural más elevado, que, si no han desaparecido totalmente, tienden a ser neutralizados progresivamente, al ser equiparados, para muchos efectos, con aquellos.

Podría pensarse que esto es lo ideal y que, en definitiva, al fin se consigue una liberación largamente ansiada en la que se paga el precio de un cierto caos o desfondamiento de valores generales o universales, una caída en el localismo, para que se puedan manifestar libremente, y en condiciones de igualdad diferencial, determinados colectivos sociales tradicionalmente minoritarios o localistas (gays, feministas, nacionalistas, regionalistas, etc.).

También es un hecho que anteriormente ninguno de estos colectivos, a pesar de que existían múltiples periódicos o incluso diversas cadenas de radio y televisión, tenían una presencia tan importante como la alcanzada en los últimos años. Pero, además, estos grupos no solamente aparecen bajo estas fórmulas, lo que podría entenderse como una política sensata de búsqueda de unidad frente a problemas comunes a las minorías integrantes, sino que curiosamente tratan de ser, no un mero complemento o rectificación de la política de las mayorías, naturalmente dominante en la democracia, sino que tratan, muchas veces, de suplir a la propia mayoría, de convertirse en su alternativa.

Y, por ello, se hacen ver tratando de ocupar en los medios de comunicación los lugares reservados hasta ahora a las mayorías. Las minorías han dejado por ello ya de ser el coro de la escena democrática para empezar a convertirse en los protagonistas. Si para Ortega el hecho nuevo que rige la primera mitad del siglo XX es "la masa, que, sin dejar de serlo suplanta a las minorías ", para nosotros, por el contrario, y parodiándole, el hecho nuevo de la segunda mitad del siglo XX, se puede formular invirtiendo los términos: las minorías que, sin dejar de serlo, suplantan a las masas (Ver Manuel F. Lorenzo, *La rebelión de las minorías*, 2006).

Es preciso por ello constatar los cambios políticos que ha sufrido la democracia en las últimas décadas que la han convertido en una democracia degenerada, atravesada de escándalos y de corrupciones. La consecuencia necesaria que aparece, no ya como un abuso, sino como el uso debido que se desprende en tal situación, es la existencia de una hipo-democracia en la que, como reacción natural, las minorías actúan ya sin ley, como lobbies o grupos de presión, imponiendo por la fuerza y al margen de la ley, o por impotencia de la misma, sus aspiraciones minoritarias.

Es cierto que las minorías, que habían empezado a brotar y organizarse como tales, a principios del pasado siglo, desertaron durante un tiempo de la vida pública o fueron aplastadas o mantenidas a raya por el papel predominante de las masas en la democracia. Eso ocurrió ciertamente en el periodo de dominio del comunismo estalinista y del fordismo americano, es decir durante la Guerra Fría. Y en España durante el franquismo. En aquella época los intelectuales de izquierda todavía estaban subordinados a las masas y lo contrario se veía como una enfermedad infantil izquierdista. Paulatinamente los intelectuales irán pasando a engrosar las filas de los micro-nacionalismos y los regionalismos localistas, de los diferencialismos sexuales o de *género*, etc.

Lo característico de hoy es que el minoritario fanático tiene ya la fuerza suficiente para afirmar el derecho al fanatismo, al fundamentalismo, y trata de imponerlo por todos los medios. Si en la época de la rebelión de las masas ser diferente era indecente, en la época de la rebelión de las minorías, lo indecente es "estar integrado" en los gustos y costumbres tradicionalmente mayoritarios. Las minorías rebeldes desprecian pues todo lo nivelador, universalista, cosmopolita. Ahora lo que cuenta es sentirse diferente y tratar de vivir al margen de lo tradicional, encarnación de Satán, poco más o menos. Es el triunfo de lo "políticamente correcto" que, como todo exceso, ha provocado ya su primera reacción en la figura de Trump, en una dirección que parece la exactamente contraria.

La rebelión de la minoría separatista catalana

Asistimos estos últimos días al espectáculo de una sublevación en Cataluña, encabezada por su Gobierno Autonómico, que pretende conseguir la separación de España. La noticia, por su gravedad, ocupa los titulares de los *mass media* tanto nacionales como extranjeros. No podía ser menos ante el anuncio de un acontecimiento que se presenta, en el imaginario social, como una Revolución que pretende dar nacimiento a una nueva nación en Europa. Una nueva Toma de la Bastilla o del Palacio de Invierno de los Zares parece anunciarse con los actos preliminares de desobediencia, manifestaciones, huelgas y tumultos que se empiezan a producir ante el asombro de la mayoría de los españoles, que no imaginaban que algo así pudiese hoy suceder.

Sin embargo, algo así está ocurriendo y amenaza con abrir una crisis, no sólo en España, sino también en otros países europeos que albergan en su seno incipientes movimientos separatistas regionales. Por eso parece importante tratar de analizar con cierta profundidad la naturaleza precisa del movimiento rebelde en cuestión, para poder saber en realidad de qué se trata y buscar los medios para evitar las consecuencias catastróficas que de él se puedan derivar.

Lo primero que nos llama la atención es que lo que está ocurriendo ante nuestros ojos no es una Revolución como la Revolución Francesa, la Rusa o la Norteamericana, en la que se dio origen y nacimiento a nuevas y poderosas naciones en el sentido moderno de la expresión. No hay aquí ejércitos que se enfrentan en una sangrienta guerra civil, porque no se está armando al pueblo ni dividiendo al ejército. A todo lo más que se está llegando es a neutralizar a una diminuta, en comparación con los cuerpos armados españoles, policía autonómica de los Mossos y a tratar de evitar un posible enfrentamiento policial armado del que saldrían perdiendo los sublevados. La propia denominación de *escenificación* de la rebelión, que se utiliza para referirse a las manifestaciones y huelgas callejeras, revela lo que algunos denominan el carácter *postmoderno* de la rebelión como un *simulacro* de una rebelión masiva, pues como se puede observar aquí no comparecen las masas, sino grupos de agitadores, no muy numerosos, pero disperso por diversos lugares, concentrados ante comisarias, hoteles donde se alojan los guardias civiles, algunas calles, etc.

El propio Referéndum que se convocó, al margen de que sus datos no ofrecen ninguna seguridad jurídica de veracidad, es un simulacro de victoria masiva del *Sí* (90%), cuando en realidad se reconoce que sólo ha votado una minoría de la población catalana. La Huelga General convocada, procedimiento mítico de las grandes revoluciones, ha sido también un simulacro, pues se obliga a parar a los trabajadores controlando una red de transportes con la inutilización, por acción u omisión del propio Gobierno Autonómico, de las líneas de cercanías del cinturón de Barcelona, donde se concentran la mayor parte de la población trabajadora, o del corte con neumáticos de las autovías en unos pocos puntos estratégicos suficientes para colapsarlas.

En tal sentido, no hay aquí una rebelión de las masas, como ocurría en Rusia, por ejemplo, sino una rebelión de carácter distinto y que hemos denominado "la rebelión de las minorías". El problema hoy no es pues la rebelión de las masas, como en tiempos de Ortega y Gasset, sino que es lo que denominamos la rebelión de las minorías, la cual no sólo se está dando en el particularismo del nacionalismo regionalista, catalán, vasco, corso, escocés, etc., sino también en el particularismo o diferencialismo de las minorías sexuales, étnicas, etc.

Todos ellos comparten el contrasentido propio de querer imponer en un régimen democrático, en el que, por definición, deciden los derechos de la mayoría, y con procedimientos democráticos, no violentos, etc., unos derechos minoritarios como si fuesen equiparables a los mayoritarios. Dicho contrasentido sólo puede abrirse paso por medio de la utilización de la simulación y el engaño propio de la demagogia, para lo cual son suficientes las armas de una educación y una propaganda mediática fanatizada, que equivocadamente les ha transferido el Gobierno central. Por ello no hace falta meter los tanques en Cataluña, sino que la verdadera solución está en la discusión ideológica y el pensamiento crítico que hay que recuperar de las manos del sistema educativo y de los mass media puestos hoy, en Cataluña, en manos de los fanáticos sediciosos, y en el resto de España en manos de una tendencia dominante que quiere contentar en vez de aislar a los separatistas. Pues, el separatismo debe ser inexorablemente aislado, e incluso, llegado el caso, prohibido como opción política, no dejando de denunciar sus sinsentidos y peligrosos engaños desde los medios de comunicación de mayor alcance.

Aislar al separatismo

Parece que, ante los graves acontecimientos que están ocurriendo en Cataluña, con rebelión abierta de su gobierno regional frente al Estado central, se empiezan a caldear los ánimos del resto de los españoles ante la incredulidad de muchos por lo que ocurre. Empiezan a preocupar también las consecuencias de todo orden que puede provocar una situación que se puede ir de las manos a los propios aprendices de brujo que la han desatado. Ya se habla de una división entre los propios catalanes, que se encrespa hasta desatar situaciones de odio fanático que divide a amigos, conocidos y hasta las propias familias.

Por otra parte, el Estado central está siendo lento y excesivamente timorato en sus intervenciones ante hechos consumados de rebelión con propósitos sediciosos, poniendo el lento y pesado carro judicial delante de los mansos y poco atrevidos bueyes del poder ejecutivo. Un gobierno sin complejos y con una visión serena de lo que ocurre debería aplicar los mecanismos legales que la Constitución faculta para estos casos y que luego los afectados fuesen los que recurriesen a las instancias judiciales pertinentes, si es que se considerasen injustamente tratados. Pero eso no es precisamente lo que ocurre y parece que la grave situación política a la que hemos llegado será difícil de remontar a corto plazo. Pues, todo ocurre como si una pesada inercia impidiese que se dé vuelta al erróneo planteamiento que preside la actuación del ejecutivo, el cual se empeña más bien en seguir negociando con los insurrectos para que desistan de peligrosa y lamentable actitud levantisca.

Dicha inercia procede de una errónea decisión política que se tomó ya en los inicios de la Transición cuando, una vez que se decidió reformar la estructura centralista del Estado introduciendo la división Autonómica, se hizo sin tener en cuenta los consejos que dio el filósofo Ortega y Gasset sobre cómo debería entenderse lo que él mismo presentó en las propias Cortes de la 2º República como una vía, pensada y bien pensada, para intentar conllevar lo más civilizadamente posible el problema del nacionalismo particularista catalán. El problema catalán, para Ortega, no tenía una solución extrema, como vemos hoy, pues si el Estado Central suprime la Autonomía catalana dejaría a media Cataluña descontenta e irredenta, lo mismo que, si los separatistas consiguen independizarse, quedaría la otra mitad de Cataluña igualmente descontenta, intentado buscar la ayuda de España para revertir la situación.

Ortega ya previó que la puesta en práctica de la Autonomía sería utilizada por los independentistas como un medio para conseguir su objetivo final de separación. Por ello recomendaba a toda costa, para que la Autonomía otorgada generosamente por el Estado Central, en tanto que único detentador de la llamada Soberanía Nacional, fuese eficaz, el riguroso aislamiento político del nacionalismo catalán. Pues, como dijo Ortega en su discurso sobre el Estatuto de Cataluña en las Cortes republicanas, con la concesión de la Autonomía regional,

"Cataluña habría recibido parcial satisfacción, porque quedaría solo, claro está, el resto irreductible de su nacionalismo. Pero ¿cómo quedaría? Aislado; por decirlo así, químicamente puro, sin poder alimentarse de motivos en los cuales la queja tiene razón".

Pero, lo que se hizo a lo largo de las últimas décadas fue precisamente lo contrario. En vez de aislar políticamente al nacionalismo catalán, se deseó su apoyo político. Se dice que todo esto ya empezó en los tiempos de Adolfo Suarez cuando trató de contentar a las minorías nacionalistas catalana y vasca introduciendo en término *nacionalidades* en la Constitución. Suarez, seguramente hizo esto por razones puramente tácticas para poder mantener sus minoritarios gobiernos, ante el acoso y la caza cainita del hombre providencial que había ganado tan brillantemente las elecciones, imponiendo por vía electoral la Reforma política frente al inmovilismo del bunker franquista. Su dimisión fue conseguida tras la alianza de sectores derechistas e izquierdistas que confluyeron, al parecer, en el extraño intento de golpe del General Armada.

Suarez dijo que se iba para que la democracia no volviese a ser un breve paréntesis en la Historia de España. Así que cuando comienza verdaderamente, de modo estratégico, una alianza que sacó a los nacionalistas de lo que era entonces su aislamiento político y social al principio de la Transición, fue con el bipartidismo dominante que vino después de caído y aislado, este sí, el centro político representado por el CDS de Suarez. La bisagra del nacionalismo particularista se impuso como medio de acceder al poder, tras el pago de transferencias que Ortega nunca hubiese aconsejado, como la cesión de las competencias en Educación. La nueva política, que sustituya a la política que nos ha llevado a esta crisis, debería comenzar entonces por aislar al separatismo.

ARCO y lo siniestro

El último escándalo artístico madrileño bien sonado se produjo con la retirada de la feria artística de Arco de la obra de Santiago Sierra, 'Presos políticos en la España contemporánea', consistente en una serie de retratos pixelados de 24 personajes de rasgos borrosos, pero que se pueden identificar por textos que se adjuntan nombrándolos y describiendo la causa por la que fueron procesados y en algunos casos encarcelados. Los personajes más conocidos de los retratados son algunos líderes políticos catalanes que encabezaron la reciente rebelión separatista en Cataluña, como Oriol Junqueras, presidente de Esquerra y vicepresidente del sublevado Gobierno autónomo de Cataluña presidido por Puigdemont, Jordi Sanchez, presidente de la Asamblea Nacional Catalana y Jordi Cuixart, de Omniun Cultural.

Además, se incluyen a otros personajes, como los separatistas detenidos por una agresión nocturna a guardas civiles de paisano en el pueblo navarro de Alsasua, o los "titiriteros" detenidos en Madrid en 2916 por su montaje de la obra *La bruja y don Cristobal*, en la que mostraron una pancarta de apología del terrorismo etarra. También hay retratos de activistas del 15-M represaliados o de anarquistas condenados y encarcelados por actos de terrorismo. Todo ello se presenta como un caso de represalias políticas que dañan las libertades democráticas.

La obra fue retirada por operarios de IFEMA, la entidad en cuyos pabellones se celebró la feria de arte, de forma urgente antes de la inauguración que debían presidir los reyes de España. Inmediatamente surgió una polémica en los medios de comunicación sobre lo adecuado o no de tal medida. Que si se conculca la libertad de expresión artística o si por el contrario no es más que propaganda política de un antidemocrático golpe de estado de la minoría separatista catalana. Ante semejante dilema, lo primero que se nos ocurre preguntar es de que tipo de arte se trata, admitiendo, como hipótesis, la pretensión del artista que la produjo como una obra digna de figurar en ARCO, y admitida en principio por los propios organizadores de la feria, que se les supone expertos en materia artística. En vez de responder, como es habitual en el numeroso público que visita estas ferias, con expresiones de me gusta, o no me gusta, es bella o es horrible, o en caso de un norteamericano, "it's amazing or not", vamos a tratar de usar criterios técnicos propios de la crítica filosófica de los objetos artísticos que inicia Kant en su *Crítica del Juicio.*

En dicha obra, Kant distingue dos tipos de sentimiento artístico que pueden despertar la contemplación artística: el sentimiento de lo bello o el sentimiento de lo sublime. El primero tiene que ver con las obras del arte clásico y el segundo con las del nuevo arte romántico que estaba surgiendo en su época. Podemos decir que la obra que contemplamos de los 24 retratos no pretende ser bella, ni tampoco despertar el sentimiento sublime de la patria chica soñada por los separatistas. Pues las fotos son todo menos bellas, al estar tachadas y desfiguradas. Tampoco son sublimes, pues no están idealizadas para tratar de despertar el sentimiento de una tarea infinita por hacer, el largo camino a la independencia, que podría reflejarse en estos personajes, vistos como héroes valientes y decididos, como los obreros stajanovistas que pintaba el arte soviético. Creemos, pues, que se necesitan otras categorías artísticas que las usadas por Kant.

La categoría que nos parece más adecuada para captar el sentimiento artístico al que se puede aproximar la obra es la categoría del sentimiento de lo siniestro, que fue brillantemente formulada por el filósofo barcelonés, ya fallecido, Eugenio Trías, en su libro *Lo bello y lo siniestro* (1982). Dicha categoría fue anticipada ya por otro filósofo de la época kantiana llamado W.F.J. Schelling, quien definía lo siniestro (*das Unheinmlich*), como "aquello que, debiendo permanecer oculto, se ha revelado".

Podemos, entonces, interpretar la obra 'Presos políticos en la España Contemporánea' en el sentido de que, ciertamente, nos despierta un sentimiento de angustia debido a que algo, que debía permanecer fuera del espacio cívico propio de una democracia, se le ha permitido revelarse, con la crudeza de una apología de la violencia más siniestra contra las personas, las instituciones democráticas y las leyes constitucionales: cuando contemplamos los 24 retratos, el aliento siniestro de un Golpe de Estado, o del terrorismo etarra, se revela al espectador receptor en moldes de retrato artístico, a lo Warhol, helando el corazón del españolito que viene a visitar la feria.

Crisis de la Democracia Española

Los límites de la Democrácia

El filósofo español José Ortega y Gasset pedía que se reformase la Universidad creando una Facultad de Cultura porque el aumento del especialismo científico llevaría a la aparición de un nuevo tipo de barbarie, la del "bárbaro especialista" que sabe mucho de una cosa y nada, o casi nada, del resto. Por eso hoy, en la época del especialismo, un título universitario no es señal, como antaño, de cultura. Pero no parece que en las reformas de la Universidad española que se hicieron en las últimas décadas democráticas se haya tenido en cuenta la opinión de Ortega sobre la Universidad, ni parece que se la vaya a considerar en los cambios que se nos están echando encima para homologarnos en Europa.

Por ello no nos queda otra salida que hacer de francotiradores ocasionales para deshacer algunos entuertos de cultura general filosófica, como ese de que los problemas de la democracia se arreglan con más democracia, que tanto entusiasma a los partidos demagógicos. En primer lugar, poner límites a la democracia no es ir en contra de la democracia, sino todo lo contrario, pues se trata, en el caso del liberalismo democrático, de evitar aquellos excesos que la puedan destruir.

Es cierto que la democracia absoluta y directa es la primera forma de democracia que existió, la griega, en la que no había división de poderes ni por tanto limitación alguna de la asamblea de ciudadanos. Pero por lo mismo se puede decir que el que hoy sigue entendiendo la democracia de esa manera es un principiante en asuntos democráticos.

Las democracias modernas, históricamente existentes, no se entienden sin el liberalismo, sin Locke o Montesquieu. Incluso en la época de Kant se llamaba "republicano" al que era partidario de la limitación de los poderes reales. Hoy "republicano" en España es el que rechaza la monarquía en todas sus variantes. Aunque, como contrapartida, existen muchas repúblicas que no son democráticas.

Fue precisamente el marxismo quien asoció la república con la dictadura del proletariado, aunque pensase que, tras la dictadura necesaria para la transición, vendría la democracia real y auténtica. Pura utopía como nos demostró la experiencia soviética. Pero el marxismo infravaloró los fuertes indicios, que captaron mejor los filósofos positivistas decimonónicos, que apuntaban a la superación de las sociedades modernas, por una sociedad científico-tecnológica que conseguiría, como así fue por primera vez en USA en tiempos de Kennedy y sus sucesores, que el proletariado se integrase en la clase media comenzando a disfrutar de coche, lavadora, acceso a la educación, etc., lo que después se extendería a Inglaterra, Alemania, Francia, con el Plan Marshall, llegando a España en la época del SEAT 600 y el despegue industrial de los franquistas Planes de Estabilización. Dicha integración del proletariado no sería estable sin la democracia liberal, que es la que, mal que bien, trata de aclimatarse en España en las últimas décadas desde la llamada Transición.

La socialdemocracia nórdica, que hoy añoran algunos, fue una adaptación del marxismo al keynesianismo para diferenciarse, durante la Guerra Fría, del Socialismo Soviético. Pero, tras la caída del Muro y la Globalización, los partidos socialdemócratas, o se hacen liberales, o son arrastrados por el descrédito de la utopía marxista.

En tal sentido los intentos de, en vez de seguir sacando decimales del modelo socialdemócrata, crear una nueva izquierda, como se está viendo en España desde el zapaterismo, apoyándose en las minorías, sexuales, regionales, etc., están poniendo en peligro la unidad de la nación española y del sistema nacional industrial duramente conseguido. Ciertamente, toda una generación que ha sido adoctrinada en la lectura de Marx y sus epígonos difícilmente puede pensar de otra manera. Si en España se hubiese leído más a los positivistas clásicos, al Conde de Saint-Simon, a Comte, a Stuart Mill o a Spencer, se podía recuperar la Idea de que la sociedad tecnológica que ellos soñaron, y en la que nosotros vivimos, no tiene porque seguir siendo sometida a nuevas revoluciones, sino que lo que tiene que hacer es, conseguida la paz social, estabilizarse, mirar al exterior y tomar conciencia de lo mucho que la civilización moderna ha conseguido.

Dichos positivistas hablaban de una Sociedad Orgánica en el sentido en que hoy se habla del Sistema. En dicha sociedad la derecha y la izquierda pueden tener diferencias, siempre que no pongan en cuestión las bases de acuerdo del mismo alcanzadas tras muchas luchas. Una de estas bases es la democracia liberal. Pero hoy el Sistema Occidental está seriamente amenazado por el islamismo anti-liberal. Para hacer frente a ellas se necesita más inteligencia y menos doctrinarismo. Por ello, por favor, que no nos vuelvan a hablar de revolucioncitas, ni de democracias puras, absolutas, sin freno ni limitación alguna.

Un error de Podemos

Uno de los errores que ha impedido el crecimiento electoral de Podemos ha sido la glorificación que vienen realizando de la II República, como si se tratara de un periodo de plenas libertades y añoradas tolerancias míticas. Una revisión histórico-crítica de la República y de la Guerra Civil (que no tienen interés en hacer) vendría impuesta por dos cambios históricos acaecidos en las últimas décadas. Uno a nivel mundial y otro a nivel nacional.

El primero fue la caída del Muro de Berlín. Este hecho significó la puesta en cuestión del proyecto marxista de superación del capitalismo y del régimen político liberal originado con las Revoluciones inglesa y francesa. El "sueño de la razón" igualitarista condujo a un despertar terrible de totalitarismo político y a la militarización propia de la sociedad soviética. Las luchas y guerras que se habían iniciado con las rebeliones de 1848, la Comuna de París y la Revolución Rusa habían llegado a su fin. Pero, el final de la Guerra Civil Española no supuso un desenlace certero, pues con la Guerra Fría, que tanto favoreció al Franquismo en sus inicios, se mantuvieron las espadas en alto a nivel mundial. Solo después de la caída del Muro cabe una crítica histórica libre de presiones ideológicas sobre lo entonces acontecido, que es lo que se está empezando a hacer en el actual proceso de revisión histórica de la Guerra Civil Española. Lo que me parece más novedoso es que se está viendo la brutalidad de la reacción fascista en el marco de una brutalidad iniciada por la violencia revolucionaria de la mayor parte de la izquierda marxista. Es como si nos hubiesen presentado el famoso grupo escultórico del Laocoonte, expuesto hoy en el Vaticano- que representa a un sacerdote y sus dos hijos en el momento que son atacados por dos serpientes monstruosas que, rodeando sus cuerpos, los agreden mortalmente -, suprimiendo tales serpientes. Lo que veríamos serían a tres individuos desnudos, realizando extrañas gesticulaciones y contorsiones carentes de todo significado para nosotros y propias de gente exaltada o loca. Pero si nos muestran las estatuas con las serpientes rodeando sus cuerpos y atacándoles, comprenderíamos inmediatamente la causa de tal conducta. En ese sentido, podemos afirmar que el igualitarismo social se convirtió en un veneno mortal para el progreso social en el momento que traspasó, extralimitándose, todas las reglas instauradas por las conquistas democrático-liberales logradas por la modernidad.

El otro cambio decisivo tuvo lugar a nivel nacional. Fue la famosa Transición a la democracia, iniciada en 1975. Dicho cambio consistió en la instauración de un régimen democrático parlamentario, en la línea de las propuestas contenidas en quienes propugnaron en su momento una "rectificación de la República", como Ortega y Gasset o Melquíades Álvarez. Es decir, por lo menos en la línea de Melquíades, el líder del Partido Reformista, se cumplió el deseo, solicitado en vano a Alfonso XIII, de que el Rey convocase una Asamblea Constituyente en la que se elaborase una Constitución democrática que superase los llamados "obstáculos tradicionales" (libertades públicas, descentralización administrativa, libertades sindicales, etc.) que impedían la incorporación de España al lugar avanzado que habían alcanzado sus históricos rivales como Francia o Inglaterra. Con esa reforma, elaborada desde arriba y refrendada posteriormente por el pueblo, se produjo con éxito un paso equivalente en importancia al dado en Inglaterra al aceptar las propuestas renovadoras de John Locke.

En España estamos inmersos en un proceso de Gran Reforma política que fue anuciado por diversos intelectuales, desde Jovellanos a Ortega. La duda radica en si seguiremos el modelo francés, el inglés o inauguraremos uno nuevo. El modelo francés requiere la aparición de una sublevación, como la socialista del 1848, que ponga en peligro la Ley y el Orden, lo cual está empezando a ocurrir con el avivamiento de las tensiones independentistas y el ascenso de Podemos.

El otro modelo, el inglés, exigiría que el nuevo Rey, aliado con el Regeneracionismo que propone Ciudadanos, empleara todo su poder e influencia para frenar los excesos que está llevando a cabo una parte muy poderosa de la oligarquía política todavía dominante. Tarea difícil porque la monarquía española, al igual que la inglesa, tampoco gobierna, si bien reina aún menos. Y, además, el pueblo español, a diferencia del inglés, tiende a rechazar y a mofarse de todo lo que se presenta como solemne y elevado, como hoy observamos gracias a la llamada "televisión basura". Valga esta comparación histórica para tomar conciencia del gran y difícil proceso reformista en el que estamos inmersos.

Fin del bipartidismo político español

Cuando hablamos de bipartidismo nos estamos refiriendo al régimen de gobierno que se estableció en España durante las últimas cuatro décadas, derivado del rumbo real que tomó la famosa Transición a la Democracia. Transición realizada con sorprendente éxito por figuras del propio Régimen franquista, como Torcuato Fernández-Miranda, o Adolfo Suarez. Con su Ley para la Reforma Política, sometida a referéndum popular, consiguieron desinflar las exageradas perspectivas de triunfo que se les atribuían a los partidos que pretendían la ruptura con el franquismo, como los comunistas y socialistas, que habían constituido una alianza denominada la Plata-Junta.

La Transición se hizo, en palabras de Torcuato, como una reforma de "la Ley a la Ley", y no hubo ruptura, sino una evolución interna del franquismo que dio paso a una democracia, reconocida y aceptada entre las democracias liberales occidentales, de forma ordenada y pacífica, a pesar de las enormes tensiones y estallidos de violencia terrorista que se produjeron. La escalada de la violencia terrorista acabó dando pie al mayor peligro que amenazó la exitosa Transición: el Golpe de Estado militar del 23-F. Con él se consiguió la dimisión de Suárez y el desprestigio de su política centrista, con lo que quedo el camino abierto para el famoso triunfo electoral del socialismo de Felipe González. A partir de entonces el centrista Suárez, con su nuevo partido CDS, no conseguirá volver al poder y será reducido por el electorado a una fuerza marginal. Lo cual provocó que se acabara creando un régimen político denominado como "bipartidismo imperfecto", porque gobernarían en lo sucesivo dos grandes partidos, el socialista y el popular, que se turnaban en el poder requiriendo de forma acostumbrada de la ayuda de la bisagra nacionalista-separatista de vascos y catalanes.

Dicho régimen, al principio, permitía gobernar y crear mayorías en Madrid, aunque al precio de ir arrebatando competencias como las de educación, control de la televisión pública, embajadas, etc., que fueron utilizadas por los separatistas para aumentar considerablemente su peso político y electoral anti-español. Si a esto se une la desastrosa política de los dos grandes partidos en relación con el control de las Cajas de Ahorro, con la que desataron la famosa "burbuja" inmobiliaria, provocando una gigantesca quiebra de empresas y destrucción de empleo, de la que nació el movimiento político de izquierda radical podemita, tenemos las piezas que llevan a la final destrucción del bipartidismo. El paso del Rubicón de dicha destrucción se dio con la moción de censura contra Rajoy, presentada por el nuevo líder socialista Pedro Sánchez.

Con dicha moción triunfadora ha llegado al poder, sin pasar por las elecciones, una alianza de partidos de izquierda radical y separatistas que recuerda al Frente Popular de la II República. Entonces era la Revolución Socialista la que marcaba el rumbo a seguir. Hoy, desprestigiado el socialismo tras la caída del muro de Berlín, es el separatismo el que se presenta como la opción a realizar para satisfacer una presunta represión histórica de catalanes, vascos, gallegos, etc., por la nación española. Los socialistas disimulan su mera ansia de acceso al poder con la niebla ideológica del federalismo y la autodeterminación de los pueblos, y los podemitas apoyan a sus socios rivales con tal de ver como se destruye la Monarquía Constitucional del 78.

Mientras tanto, la situación empieza a violentarse en una Cataluña dividida, produciéndose la salida a escena de partidos como Vox, que empiezan a conectar con una resurrección ciudadana del sentido de España como nación histórica y política. A su vez el Partido Popular de Casado parece que cambia su política de décadas y rompe definitivamente con los socialistas, encaminándose, quiera o no, a una alianza con Ciudadanos y Vox en pro de mantener la unidad e identidad de España y sacar del poder al nuevo e incipiente Frente Popular anti-español.

En caso de que triunfase en unas próximas e inevitables elecciones esta nueva coalición política españolista, seguramente se abriría un nuevo arco parlamentario en el que, tras la prohibición de los partidos separatistas, que debería impulsar la nueva coalición y la reducción electoral de socialistas y podemitas a unas fuerzas residuales y alejadas del poder por su puesta en peligro de la soberanía nacional, surgiría una nueva derecha nacionalista encarnada por Vox, en disputa leal con una izquierda globalista y europeísta representada por una parte importante de Ciudadanos. Quedaría quizás un centro con una parte de votantes del PP, que ven a Vox como demasiado extremista en cuestiones como la supresión de las Autonomías, y otra parte de Ciudadanos que no son tan globalistas, ni partidarios de las políticas radicales feministas o de LGTBI. Sería la única forma de crear un nuevo sistema político estable.

Regenerar la democracia española

Hoy se vuelve a hablar de la necesidad de regenerar la democracia española. Se coincide, por parte de muchos, en que nos encontramos ante un sistema político-social que está dando alarmantes síntomas de descomposición y de fracaso. Todo ello coincide, además, con una crisis económica de la que nos cuesta salir. Y aquí es donde está surgiendo el recuerdo de aquel movimiento regeneracionista de carácter civil que encabezó Joaquín Costa durante la llamada Restauración decimonónica.

Hay muchos paralelismos que se pueden hacer entre la crítica de Joaquín Costa en su famoso libro-Informe, *Oligarquía y Caciquismo*, a la 1ª Restauración y la que hoy se está haciendo a esta 2ª Restauración borbónica. En ésta aparece una nueva oligarquía integrada por los dos grandes partidos (PSOE, PP), más alguna bisagra (CIU, PNV), junto con grandes bancos y grupos mediáticos. Pero, si nos centramos en las diferencias, la España oficial que hoy tenemos no se parece nada a la España oficial de la 1ª Restauración. La España oficial decimonónica era "casticista" y defendía un patriotismo español de "cartón piedra", retórico, tradicionalista, etc., mientras que la España oficial actual es europeísta, antipatriótica, rechaza la bandera, pone en cuestión la unidad e identidad de la nación española, etc. La España de la 1ª Restauración exaltaba al Cid y a Lepanto contra el Islam, a las glorias literarias del Siglo de Oro. La España oficial actual ha dado tantas vueltas de llave en la enseñanza, no solo al sepulcro del Cid, sino a la propia historia de España, que hoy es sustituida en las autonomías por la historia de Cataluña, del País Vasco, etc. El llamado "respeto" al Islam está llegando tan lejos que se idealiza la Alhambra y lo islámico medieval como faro de la civilización frente al cristianismo atrasado, bárbaro y supersticioso.

La 1ª Restauración carecía de "escuela y despensa", según Costa. Hoy podríamos decir lo contrario, pues hoy son enfermedades comunes y muy extendidas entre el pueblo las que tienen que ver, no con el hambre, sino con el exceso de consumo y la sobrealimentación. Incluso la escolarización es excesiva, sujetando a los niños desde los cero hasta la mayoría de edad, lo que obliga a todos a permanecer en una especie de guardería infantil, con la consecuencia de un gran fracaso escolar por la imposición del igualitarismo educativo y la pérdida de autoridad de los profesores. Incluso se han creado un número desorbitado de Universidades, mal dotadas y peor organizadas, por intereses meramente electoralistas de los líderes autonómicos y locales.

Por todo ello, un movimiento regeneracionista actual, que trate de criticar la nueva España oficial de esta 2ª Restauración borbónica, no debe repetir miméticamente el programa de aquellos regeneracionistas decimonónicos que, a pesar de su poco efecto político en el corto plazo, en el que Costa se consideró políticamente como un fracasado, tuvo un efecto a medio y largo plazo que hace que, sin sus críticas y propuestas, no se pueda entender algunas positivas medidas políticas en la dictadura de Primo de Rivera y en la de Franco, incluso en algunos aspectos de la II República, como fue la dignificación social del maestro de escuela. Un movimiento regeneracionista de la situación política actual debería proponer reformas económicas, como la vuelta a un capitalismo de carácter más industrial, para crear empleos de calidad, con la reforma de la función de los bancos; debería proponer una superación de la crisis institucional por la limitación de Competencias excesivas y, en los casos necesarios para el mantenimiento de la economía nacional o el funcionamiento del Estado, su supresión.

Pero debería ser también consciente de que la nueva regeneración política y social llevará tiempo y debe ser enfocada para el medio y largo plazo, no obstante lo cual no se excluye que se produzcan cambios en cualquier momento por la irrupción súbita de nuevas fuerzas políticas, como está ocurriendo en otros países europeos ante fenómenos difíciles de domesticar, como la inmigración. De ahí que sea muy importante la formación de un nuevo tipo de políticos y minorías dirigentes, como decía Ortega y Gasset, las cuales solo podrán acceder al poder si se crea un nuevo tipo de elector español medio, que se aleje del seguidismo demagógico; porque estamos ante las circunstancias de ser hoy España ya un país integrado en Europa, en el grupo de las cuatro grandes economías, pero que, por errores de sus dirigentes políticos y conformismo del electorado, nos hemos convertido en el eslabón más débil de la cadena económica que soporta a la propia Europa, en el sentido de llegar a ser un peligro sistémico. Y ciertamente, no es precisamente ésta la función que aquellos regeneracionistas decimonónicos querían para su regenerada España. Recojamos, pues, si no su letra, sí al menos su espíritu de regeneración.

40 años de Constitución democrática

Este año de 2018 se cumplen 40 años de vigencia de la actual Constitución que rige y organiza, como gran marco político, la vida española. Desde 1978 hasta la fecha, ha pasado un trecho de tiempo lo suficientemente largo para hacer un balance, por somero que este sea, del significado que ha tenido dicho texto y puede seguir teniendo si la sabiduría del elector español, que es quien lo decide con su voto, la sostiene y defiende. Porque se empiezan a oír voces muy fuertes entre una parte de los partidos políticos, sobre todo los que representan a las izquierdas y los nacionalismos periféricos, que piden una reforma de la Constitución que la afectaría precisamente en lo que se puede considerar que ha sido su rasgo más novedoso: la solución Autonómica para vertebrar y organizar la persistente multiplicidad y variedad regional que ha caracterizado a España a lo largo de su extensa historia.

Caí en la cuenta de la importancia de la Constitución leyendo las obras completas de Ortega y Gasset, cuando me topé con algunos escritos suyos, muy poco citados en los fastos y conmemoraciones de la Constitución, en los que pude ver, con gran sorpresa, que la Idea de la Organización Autonómica del Estado, que representa lo más llamativo y original de la actual Constitución, había sido expuesta, defendida y desarrollada por el propio Ortega en la prensa, y en forma de libro (*La redención de las provincias*), y hasta en sus discursos en las Cortes durante la elaboración de la Constitución de la II República ("Federalismo y autonomismo"," El Estatuto catalán") En dichas intervenciones defendió el filósofo la necesidad de que la nueva organización política que se necesitaba para reformar y regenerar políticamente el país se basara en una división o separación clara de los asuntos nacionales y de los locales o regionales.

La Constitución liberal de 1876, de la llamada Restauración decimonónica, había intentado modernizar el país, pero acabó produciendo las conocidas lacras de la oligarquía, el caciquismo, fraude electoral, etc., denunciadas por Joaquín Costa. Con el golpe militar de Primo de Rivera se acabó aquel experimento democratizador. Ortega dedica entonces, durante los años 20-30 una serie de artículos periodísticos (publicados en la II Republica como libro con el título de *La redención de las provincias*) a analizar minuciosamente las causas de dicho fracaso. Encuentra que, en España, a diferencia de Francia o Inglaterra, los únicos intereses que mueven a los españoles son los puramente locales. Pero el localismo, en política, es un defecto.

Una Constitución centralista como la de la Restauración decimonónica no funcionó por cegarse ante este problema. Por ello, Ortega propone el Estado Autonómico, como una nueva forma de organización que trata de hacer de tal defecto localista una virtud a través de la separación clara y bien estudiada de las Competencias que deben quedar centralizadas y las que no. Durante la discusión del Estatuto catalán en la República se opuso a la confusión que los partidos de izquierda introducían entre Autonomismo y Federalismo, en tanto que el primero no discute sobre la Soberanía, que se considera indivisible, sino sobre las Competencias o atribuciones de dicha soberanía, mientras que el segundo, el Federalismo, gira principalmente en torno a la Soberanía. Solo el Autonomismo conlleva siempre descentralización política, mientras que el Federalismo, contra lo que se suele decir, puede resultar fuertemente centralizador, pues esa es su tendencia histórico efectiva. Es necesario recordar esto hoy cuando una parte importante de la izquierda empieza a hacer demagogia diciendo que el Federalismo no es más que una radicalización del Autonomismo.

La generalización autonómica actual fue propuesta por Adolfo Suárez, aunque la Idea estaba tomada de Ortega, -el cual fue tenido en cuenta por el propio Torcuato Fernández-Miranda en las discusiones en las Cortes-, en el sentido de que Ortega comprendió que Autonomismo y Federalismo no solo son diferentes, sino que, en la cuestión de la descentralización, son opuestos. De ahí que la petición de reformar la actual Constitución en lo que concierne a la Organización Autonómica del Estado para sustituirla por una Organización Federal nos parezca muy grave. De la misma forma sería un error la posición que defiende Vox de suprimir las Autonomías.

Bastaría con poner freno a la deriva federalista-secesionista y volver a una recentralización de competencia educativas, sanitarias, de política exterior, etc. Pues la mejor honra que pueden hacer los españoles al pensador más importante que ha tenido España en la primera mitad del siglo XX, es respetar lo que es la parte política más llamativa de su gran influencia, la vertebración Autonómica de España. Y la mejor forma de honrar la Constitución en sus 40 años de vigencia es recordar y leer los textos, que muy pocos conocen, en que la engendró su padre filosófico.

El choque entre Vox y Ciudadanos

Después de la sorpresa que supuso el ascenso de Vox en las pasadas elecciones andaluzas, ha vuelto a sorprender la negativa de Ciudadanos a pactar con el nuevo partido ascendente. La disculpa para ello fue considerarlo un partido anticonstitucional y de extrema derecha. Lo primero es evidentemente falso, pues Vox se ha caracterizado valientemente por denunciar el golpismo secesionista catalán que actuaba contra la Constitución, provocando la intervención de la Justicia, la cual arrestó preventivamente, y a la espera de juicio, a algunos de los responsables de la intentona, ya que el Gobierno débil de Rajoy no actuó a tiempo para detener al principal responsable, hoy vergonzosamente acogido por el Gobierno belga.

El propio Ciudadanos está por su parte amparando medidas dudosamente constitucionales, como las Leyes de Género que nos criminalizan a todos los hombres y otras que afectan a las imposiciones de los más radicales colectivos LGTBI. Por ello mismo debería mirarse a sí mismo antes de acusar gravemente de partido anticonstitucional a Vox. Pues la Constitución, aunque haya sido incumplida de forma torticera en las últimas décadas, tanto por PSOE y PP como por sus socios nacionalistas catalanes y vascos, parece haber llegado la hora, ante la imposibilidad de acuerdo mayoritario para cambiarla en cuestiones esenciales que afecten a su naturaleza, de defenderla para evitar la desintegración de España como nación política frenando el nuevo Frente Popular promovido por socialistas y secesionistas.

La única propuesta que podría ser inconstitucional de Voz sería la supresión por decreto gubernamental de las Autonomías. Pero Vox lo que está pidiendo, hasta ahora, es la recentralización de competencias como la Educación o la Sanidad y otras, dado el mal uso que se hizo de ellas con la colaboración interesada de todos los gobiernos hasta la fecha. Y eso es perfectamente constitucional ya que las Autonomías no son soberanas y lo mismo que el Gobierno central les cede competencias las puede suspender o incluso retirar cuando su mal uso lo requiera.

Por supuesto que la Constitución es interpretable, pero dados los nefastos errores cometidos por los gobiernos de la época posterior a Suárez, no vendría mal volver a los orígenes de su aprobación y corregir graves errores como los que se cometieron con el excesivo traspaso de competencias e incluso con la limitación excesivamente partidista en la elección de los miembros del Consejo General del Poder Judicial, causa manifiesta en tantos casos del aumento escandaloso de la corrupción económica y política.

En relación con la acusación a Vox de partido de extrema derecha, en nombre del liberalismo democrático, creemos que habría que plantear una discusión sobre lo que se debe entender hoy por liberalismo y democracia, lo cual parece algo dado por supuesto entre los dirigentes actuales de Ciudadanos, donde observamos una preocupante ausencia de pensamiento filosófico. Ya Descartes consideraba que un Estado, como lo era la Francia de su época, sería más próspero y poderoso con una buena filosofía que sin ella. Lo mismo se puede decir de un partido político. Parece que Ciudadanos, ante la falta de ideas quiere asociarse a un filósofo popular como Fernando Savater. Vox manifiesta, por su parte, una influencia en su defensa de la nación española del filósofo, más académico, Gustavo Bueno. Desde luego que Bueno estuvo más asociado con el marxismo que con el liberalismo. Pero en los últimos tiempos evolucionó, alejándose del marxismo y centrándose en una reflexión sobre España como problema filosófico, en un sentido similar a lo que habían hecho Unamuno y Ortega, pero profundizando en algunos aspectos que nos pueden interesar para el caso.

Uno de ellos es la idea de que España no puede asimilarse al modelo liberal protestante anglosajón, porque su modelo de modernidad, que intentó realizar con el primer imperio globalizador de la modernidad que encarnó Felipe II, era distinto. Ese modelo fracasó frente al modelo alternativo protestante del Imperio inglés. Pero España, después de estar a punto de ser destruida como entidad histórica en el siglo XIX y XX, con cruentas guerras civiles, vuelve a entrar enterita y coleando en la segunda mitad del XX en el grupo de los países más industrializados del mundo.

Además, mantiene aún una tecnología cultural, el idioma español, que provee a la cultura hispana de la única plataforma globalizadora que puede rivalizar con la lengua hoy dominante, el inglés. De ahí que Vox sea reticente al "europeísmo" de Ciudadanos, más afín a una disolución de lo español en el "europeísmo" de nuestros antiguos rivales protestantes. Por eso España necesita hoy de una renovada reflexión filosófica que vuelva a orientar el rumbo político. No basta ya con seguir mirando a Europa. Y Vox, al menos, ofrece una.

Lo que se decide en estas elecciones

La novedad de estas elecciones de Abril de 2019 es la irrupción de un nuevo partido, VOX, que se presenta con posibilidades de dar una nueva sorpresa electoral, como ocurrió en las pasadas elecciones andaluzas. De la misma manera que la súbita y potente irrupción de Podemos, ligada a las manifestaciones de los llamados indignados, que ocuparon la madrileña Puerta del Sol, significó el comienzo de la ruptura del sistema bipartidista imperfecto en que había degenerado la llamada Transición Democrática y la creación de una alianza de socialistas comunistas y separatistas, -una reedición del Frente Popular de la República, que por una moción de censura se ha encaramado en el poder-, la irrupción de Vox parece significar un contra-movimiento que trata también de acabar con la "vieja política" encarnada en las últimas décadas por el PP y el PSOE de concesiones sin fin a los partidos, hoy claramente secesionistas, catalanes y vascos, con peligro inminente de la ruptura de España.

A la vez Vox significa también el intento de salvar la Constitución de 1978 en los aspectos en que se afirma el carácter indivisible e indisoluble de la nación española. Una Constitución que también presenta aspectos que Vox pide reformar o suprimir, como la generalizada división territorial por Autonomías, que la distingue de otras Constituciones anteriores. Sobre todo por la interpretación disgregadora que ha predominado del autonomismo como un camino hacia el federalismo, que han empezado a hacer gobiernos del PSOE, y continuado con igual o mayor celo incluso los sucesivos gobiernos del PP, con la transferencia de competencias como las lingüísticas o las de educación, que se han convertido en un arma ideológica de primer orden en el fomento del odio acrítico y manipulado a España, su lengua y su gran historia, en base a mitificaciones que no resisten el mínimo análisis racional y científico.

Con ello se ha llegado al desgobierno y la perdida de la soberanía nacional de hecho en amplias regiones del suelo patrio. Vox pretende revertir esta situación y su propuesta más radical sería la supresión de las Autonomías y la vuelta al Estado centralista. Creemos, sin embargo, que dicha supresión exige una reforma profunda de la Constitución, lo cual requiere un amplio consenso hoy imposible de conseguir. Sería mas factible acogerse al carácter más integrador que permite la propia Constitución, y que era el que tenía que haberse seguido por los grandes partidos PP y PSOE si hubiesen sido leales a la Carta Magna y no se hubieran dejado comprar por los votos de las minorías vasca y catalana para acceder al poder a costa de vender a la madre España.

Dicho aspecto integrador de la Constitución permite retirar las Competencias cedidas por mal uso o abuso de ellas y reintegrarlas al Estado central, que es el único detentador de la soberanía porque, como señaló ya Ortega y Gasset, el autonomismo se diferencia del federalismo en que solo cede competencias y no soberanía, pues en un Estado unitario, como es secularmente el español, la soberanía es indivisible y no se puede compartir. Creo que Vox, a diferencia del resto de los otros grandes partidos, ha sido sensible a las argumentaciones de filósofos como Gustavo Bueno en relación con la identidad histórica de la nación española. Por ello podía también serlo al entendimiento filosófico de las Autonomías expuesto por Ortega y Gasset en su proyecto de vertebrar España tal como parece admitirlo Sanchez Dragó en su reciente libro entrevista de Santiago Abascal que lleva por título *España Vertebrada*.

La interpretación federalista de la Constitución, fomentada por el régimen del bipartidismo imperfecto de las últimas décadas, ha conducido a una auténtica persecución de la lengua española, principal vínculo cultural unitario, abriendo, por otro lado, el paso a una creciente colonización por el inglés y a la transformación de los grandes medios de difusión en medios de manipulación, junto a una gran corrupción e imposición totalitaria de leyes sobre la denominada Memoria Histórica o de leyes inconstitucionales sobre la violencia domestica, etc. Todo ello consentido por una acomplejada derecha representada por un partido, el PP, nulo desde el punto de vista intelectual que, por mantenerse en el poder a cualquier precio, ha colaborado con el proceso separatista catalán. Pero ha sido la culminación de esa política colaboracionista, acentuada en el gobierno de Rajoy, la que ha provocado el golpe de la minoría separatista catalana, lo que ha abierto los ojos a millones de personas para poner fin a semejante peligro de ruptura de España.

Partidos como el PSOE y el PP, responsables principales de dicho estado de ilegalidad y vulneración de la Constitución, no pueden solucionar nada. Otros como Ciudadanos pecan de un exceso tacticista y de falta de una política clara de defensa de la nación española, por su dependencia de un europeísmo lleno de complejos y falto de profundidad. De ahí que la irrupción sorpresiva de VOX sea la única esperanza de una regeneración del sistema político, en tanto que se mantenga en la defensa de la Constitución, volviendo a una interpretación de ella en clave no federalista, sino entendiendo las Autonomías como un instrumento de descentralización político-administrativa de alcance meramente regional. Corrigiendo, por supuesto, los excesos que se cometieron en las últimas décadas. Esa es la esperanza que representa Vox para esta y las próximas elecciones, pues el proceso de la necesaria regeneración política no ha hecho más que empezar. Pero somos conscientes, porque conocemos nuestra complicada historia más reciente, de que el proceso está lleno de peligros y nadie puede arrogarse la clarividencia política en exclusiva. Ni siquiera Vox.

El peligro crece, pero aumenta la esperanza

En la larga noche electoral se podía escuchar, en boca de algunos comentaristas televisivos del resultado de las pasadas elecciones del 26 de Mayo, la frase "sensación agridulce" con que querían expresar su estado de ánimo tras conocer los resultados electorales. Compartimos esa sensación, pero intentaremos explicarla en lo que sigue, pues, aunque el sentimiento "agridulce" es semejante, las referencias pueden ser muy distintas en cada caso pues, aun siendo las mismas, pueden captarse de forma confusa y poco precisa.

La referencia principal que tenemos muchos españoles es la del peligro de la ruptura de España como nación moderna, derivada de la brillante historia de una monarquía imperial anterior que se truncó, tras un largo periodo de unos tres siglos, con la invasión napoleónica. Pues fue en la Cortes de Cadiz cuando, secuestrado el Rey por Napoleón en Bayona, los diputados reunidos en Cadiz declararon por primera vez la transferencia de la soberanía del rey al pueblo que ellos representaban. Dicho paso era imprescindible para que España se convirtiese en un país moderno desde un punto de vista político, eliminando así los obstáculos para su progresiva industrialización y consecuente enriquecimiento y aumento del bienestar general de la población, como había propuesto Jovellanos.

Pero, del dicho al hecho hubo un largo trecho por medio de luchas y sangrientas guerras civiles hasta que finalmente España deja de ser, con el desarrollismo franquista, un país eminentemente agrícola y atrasado y se convierte en una de las 10 potencias más industrializadas y modernamente avanzadas del mundo. La denominada Transición a una democracia homologable con las occidentales fue entonces posible por el anterior desarrollismo económico, el denominado "milagro económico" español (equiparable entonces por su altas tasas de crecimiento con el milagro económico alemán o japones) que evitó nuevas guerras civiles y baños de sangre, pues la mayoría de los votantes apoyó la Transición desde arriba, de la Ley a la Ley como propuso Torcuato Fernández-Miranda con las sucesivas victorias electorales de Adolfo Suarez.

En las décadas posteriores, en que se estabiliza el actual régimen democrático, se cometieron, sin embargo, serios errores en el proceder político mantenido de forma continuada por las dos fuerzas políticas más importantes, PSOE y PP. Se dice que algo peor que un crimen puede ser un error. Peor que la corrupción sistémica de estos dos partidos ha sido el error de solventar sus empates electorales buscando la alianza con los nacionalismos catalán y vasco, que nunca ocultaron sus intenciones separatistas. Pero tampoco se trata ahora de buscar culpables de este error, vista la situación de ruptura de la unidad de la nación moderna española a que nos ha llevado el golpe separatista catalán. Dejemos eso para la Historia que siempre acaba poniendo a cada uno en su sitio. Tratemos de lo más urgente, que es evitar esa ruptura, que sería mala para todos, analizando lo más fríamente posible cómo cambiar de política a seguir a medio y largo plazo. Lo principal sería crear un bloque político nuevo, una vez roto el bipartidismo causante del trágico error y diseñar una nueva política que debe comenzar por retirar la alianza de las últimas décadas con los partidos separatistas, aislándolos políticamente e incluso prohibiéndolos si fuera preciso por anticonstitucionales.

No se ha seguido el consejo de Ortega de aislar al separatismo, cediendo a Cataluña, o a otras regiones levantiscas, solo aquellas competencias que no afectasen a poderes necesariamente de exclusividad central, como la Educación, la Justicia, etc. Se han pasado ampliamente tales líneas rojas confiando interesadamente en personajes como Jordi Pujol, creyendo que no iba a pasar nada. Pero ha empezado a pasar lo peor: la posible secesión en cadena de amplias regiones de España. Y lo peor de lo peor, un Partido

Socialista de Pedro Sanchez dispuesto a mantener dichas alianzas con el separatismo cuando éste se ha quitado la careta y no oculta ya su política anti-constitucional y anti-española. Así como se transfirieron imprudentemente poderes educacionales a los separatistas, el PP ha permitido además que la hegemonía de los medios de comunicación, tan importantes en la creación de una opinión publicada que influye poderosamente en el voto, quedase en manos de una cultura de la izquierda que hoy llamaríamos, parodiando a Machado, propia de una España de "pandereta rock" y mentira histórica.

Pero la repetición a mayor escala de la derrota de la alianza del PSOE con el populismo separatista en el Ayuntamiento y la Comunidad de Madrid y de otras Autonomías y Ayuntamientos aumenta la esperanza frente al peligro sedicioso y demagógico. Vox, aunque todavía minúsculo en Ayuntamientos y Comunidades, parece el más consciente de la importancia de la lucha ideológica en aspectos clave para desmontar la demagogia en que hoy a caído la izquierda con respecto a temas como la españolidad, la memoria histórica, las leyes y costumbres domesticas y que partidos como el PP, y en parte Ciudadanos, se han tragado casi sin rechistar. Nuestra esperanza no es ciega. No se trata de creer que no hay intereses que también separan a estos tres partidos, pues basta ver cómo se ven obligados a atacarse en periodo electoral, sino de buscar al menos una firme alianza frente a terceros, frente al nuevo Frente Popular de Pedro Sanchez, que intenta desesperadamente separar con un cinturón sanitario a Vox del resto, satanizándolo como ultraderecha. Esta será seguramente la lucha más inmediatamente próxima.

Lo que nos han mostrado las elecciones

Las pasadas elecciones de Abril del 2019 al Congreso y al Senado han puesto de manifiesto algunas tendencias que es necesario reseñar. La más llamativa es el fracaso espectacular de la regeneración del PP. Casado ha cometido un serio error al querer rescatar la figura de Aznar, el cual representó precisamente la mayor traición a la derecha nacional con su pacto del hotel *Majestic* de Barcelona con Pujol y las transferencias competenciales subsiguientes que llevaron a la deriva secesionista actual. Muchos votantes del PP en anteriores elecciones han percibido en Casado la misma doblez y posible engaño que en Aznar, con el agravante del neófito. Han preferido votar a Abascal, político igualmente neófito como líder, pero más creíble por provenir de la lucha en la frontera con la anti-España secesionista vasca. Y, aunque Vox no ha cumplido las expectativas que algunos esperaban, sin embargo ha conseguido salir del ostracismo político en el que lo mantuvo Rajoy y crear un grupo parlamentario básico para su futuro crecimiento, si lo administra bien.

Vox, por ello, parece llamado a llegar a ser el partido de una derecha nacional regenerada, necesaria para continuar la modernización de la sociedad española que logró el franquismo con su denominado "milagro económico". No se olvide que quien parecía predestinada para producir tal milagro eran las izquierdas de la República, pero que fracasaron por la tendencia totalitaria del Frente Popular, imitadora de la Revolución Soviética. Con ello cometieron un grave error y, tras perder la Guerra Civil, el llamado Estado del Bienestar en España lo hizo el desarrollismo franquista, desde el mítico Seat 600 hasta la Seguridad Social.

La Transición desde el franquismo a la Democracia actual, que empezó muy bien, se ha torcido en las últimas décadas. Una de las razones ha sido la existencia de una derecha política sin ideas y acomplejada frente a un resurgir de la antigua izquierda socialista y comunista, que también ha pecado de ser incapaz de revisar y corregir a fondo sus errores pasados del frente-populismo. Más bien ha vuelto a las andadas tratando de reconstituir un nuevo Frente Popular con Zapatero y ahora con Pedro Sanchez. La victoria electoral de este último mantiene el peligro "frentepopulista", aunque en una fase de espera por la posibilidad de otras alianzas posibles que se abren en el juego parlamentario de la mano de un crecido Ciudadanos.

Pero el partido de Albert Rivera, que se ha curtido en el otro territorio comanche anti-español del secesionismo catalán, carece de una idea de España como nación, con sus profundas complejidades, y cree que basta con disolverse en la Unión Europea que hoy defiende Macron para que se resuelvan. Se presenta como un partido centrista, pero su tendencia a asumir las leyes de género y del multiculturalismo de la UE y de la izquierda norteamericana, lo convierten en un partido de nueva izquierda, entrando en competencia con el propio PSOE actual de Pedro Sanchez.

Por ello, el centro en España sigue vacío desde de que Suárez lo encarnó con la orientación intelectual de Torcuato Fernández-Miranda, los dos políticos que el Rey dispuso para la famosa Transición. Los dos complementarios y esenciales. Su separación fue, por ello, el final del centro político. Albert Rivera se quiere presentar como el nuevo Suárez para la nueva Transición desde el Bipartidismo imperfecto de un PSOE-PP aliados con los separatistas, hoy ya roto, hacia una Democracia anti-separatista. Pero, Ciudadanos representa hoy más bien los ideales de la nueva izquierda, en cuestiones de género y globalización. Podría desplazar a la izquierda que representa el PSOE si éste persiste en cruzar las líneas rojas que ponen en peligro la integridad de la nación española. Con ello se establecería una especie de nuevo bipartidismo formado por Vox y Ciudadanos. Aunque sería necesario, todavía, un verdadero partido de centro que actuara como bisagra, para que no resurgiera la tentación de apoyarse otra vez en los regionalismos que podrían surgir en el futuro por el característico localismo y particularismo que secularmente nos aqueja, ya señalado por Ortega y Gasset.

Vox, de momento, ha conseguido poner en el centro de estas elecciones el peligro del separatismo que amenaza a España como nación moderna. Pero se necesita poner también en el centro de los debates electorales cuestiones como el reconocimiento crítico de las raíces de nuestra industrialización moderna en el franquismo, evitando los análisis sectarios sobre dicho periodo histórico que ha fomentado interesadamente la izquierda con su Ley de Memoria Histórica, que la derecha se ha tragado sin rechistar. La censura casi unánime que ha caído sobre la revisión de nuestra historia reciente llevada a cabo por Pío Moa y otros es indicativa de la losa que ahoga en el mundo cultural y universitario la libertad de crítica y de pensamiento hoy en España. Y ello es así por la corrupción intelectual y la ceguera o invidencia de quienes dirigieron en las últimas décadas, de paralela corrupción política, las desastrosas reformas universitarias y educativas.

Son asuntos estos sin los cuales no se puede plantear la cuestión de la consolidación de un orden interior política y económicamente estable y su correspondiente traducción a una posición en el orden internacional que inspire respeto a la nación española y a su historia, aun hoy escarnecida por la incomprensión y la Leyenda Negra.

Frente a la nostalgia del bipartidismo

Pasada la resaca electoral, nos acercamos ahora al momento decisivo en que nuestra participación electoral se va a transformar en poder real y efectivo de tomar decisiones y ejecutar actos político administrativos. Ahora viene el momento de los pactos y de las coaliciones, cada vez más generalizadas en la constitución de los gobiernos nacional, autonómicos y locales. Máxime cuando ya no hay dos grandes partidos que destaquen sobremanera sobre los demás, incluso aunque siga vigente la famosa Ley d'Hont. Señal inequívoca de que se ha terminado el bipartidismo que presidió durante décadas el sistema político surgido de la Transición, aunque algunos nostálgicos crean que se podría volver a él. Los que así piensa quizás saldrían de su error si conociesen algo de la propia Historia de España. Por ejemplo, lo que pasó con el Régimen de la llamada Restauración decimonónica.

El bipartidismo de las últimas décadas ha fracasado, como fracasó el bipartidismo decimonónico. No porque lo hayan derrotado sus escasos y poco influyentes críticos, sino porque su estrategia era un craso error político. El error de la Restauración decimonónica, tal como lo analiza magistralmente Ortega en su libro *La redención de las provincias*, fue Cánovas, quien se empeñó en dotar a España de una Constitución política a imitación del turno de partidos a la inglesa. Pero España es muy diferente de Inglaterra y su cuerpo político acabó rechazando aquel régimen de imitación al producir los monstruos imprevistos de la oligarquía y el feroz caciquismo, como denunció Joaquín Costa. Cayó dicho Régimen, al no engranar con la España real (Ortega explica con mucha claridad cómo se produjo el choque de la España oficial con la real en el libro citado), en una gran crisis para salir de la cual se necesitó el regeneracionismo del cirujano de hierro que pedía Costa, que se encarnó en las dictaduras de Primo de Rivera y de Franco.

Fueron las dictaduras y la guerra civil males dolorosos, pero necesarios, para que como un fórceps se pariese con dolor la España industrializada y modernizada, sin la que no hubiese sido posible el actual sistema político. Esa situación no se dio ni en la Restauración decimonónica, ni en la IIª República, porque España era todavía un país preponderantemente agrícola y rural, la llamada "España de la alpargata". El desarrollismo franquista cambió todo esto con una fuerte industrialización, la Seguridad Social, el crecimiento de las ciudades, el despegue espectacular del turismo, etc. No reconocer esto, como es habitual por los políticos de la Transición y actuales, que se presentan como anti-franquistas para así pasar por demócratas, más que una injusticia o un ejercicio de hipocresía, es un serio error de juicio.

Restaurada de nuevo la Monarquía, por decisión del propio Franco, ésta apoyó con decisión e inteligencia la llamada Transición a la Democracia. Con ello se abrió un nuevo proceso Constituyente del Estado como había ocurrido en la época de Cánovas. Ahora se eligió, por los que elaboraron la actual Constitución, un modelo bipartidista de nuevo, facilitado por la Ley d'Hont, pero que ya no seguía el modelo de la centralista democracia inglesa, sino el modelo federalista alemán. España se descentralizaba con las Autonomías como equivalentes de los Länder alemanes. En principio la división Autonómica, tal como la diseñaron Torcuato Fernández-Miranda y Suárez, se inspiró en las propuestas de Ortega, en sus discursos en las Cortes republicanas en las que distinguía entre Federalismo y Autonomismo como cosas opuestas, pues el primero parte de Soberanías nacionales separadas y el segundo solo parte de una única Soberanía indivisible, pero que se puede descentralizar por traspaso de Competencias que siempre se pueden retirar si se utilizan indebidamente. Aunque Torcuato no parecía partidario de generalizar las Autonomías, Suárez introdujo por razones tácticas el llamado "café para todos". En esto coincidía con el propio Ortega, que también concibió la generalización de las Autonomías para neutralizar al separatismo catalán o vasco.

Pero la llegada de los socialistas al poder en 1982 interpretó las Autonomías, no como un fin estabilizador de los conflictos territoriales españoles, sino como un medio para llegar al Federalismo, a imitación de Alemania. Los socialistas, tal como se ve ahora, no seguían a Ortega, sino al Federalismo basado en el confuso concepto de España "nación de naciones" elaborado por un tal Anselmo Carretero. Así se fue desarrollando una deriva en la que, en lugar de fortalecer el modelo Autonomista de creación filosófica orteguiana, se abrió paso a una nueva versión de una España oficial que choca con la España real, que está empezando a despertar para hacer frente al proceso de Secesión abierto por Cataluña y alentado por otras Comunidades Autónomas, como el País Vasco, Baleares, Valencia, etc.

Una democracia fallida

La incertidumbre política en que nos encontramos actualmente en España, tras los últimos procesos electorales, no solo a nivel nacional, sino también para poner en marcha importantes gobiernos autonómicos, es un síntoma preocupante que está haciendo aparecer profundas brechas políticas, tanto del lado de Ciudadanos y Vox como del lado de Pedro Sánchez y Podemos.

Algunos creen que es cuestión de buena voluntad y de cierta prudencia y concesiones para alcanzar pactos políticos que estabilicen al menos la situación evitando crisis mayores. Este es el criterio más extendido entre los comentaristas políticos habituales de los medios. Solo unos pocos son claramente conscientes de la gravedad de la situación, la cual requiere una visión de más largo alcance, para lo que se requiere, a nuestro juicio, un vuelo intelectual al estilo del que se atribuía a los filósofos platónicos. Ortega lo señalaba en alguna ocasión cuando decía que si le preguntas a un filósofo platónico por una situación actual, sea política o de otro tipo, su actitud será, en vez de analizar la cuestión concreta y pronunciarse sobre las posibles salidas, iniciar previamente una huida o *regressus* en sentido contrario, una salida de la caverna, hacia un horizonte lejano donde se encuentre alguna luz que nos puede iluminar para entender la situación, evitando las falsas apariencias en que se percibe habitualmente. Y después volver de nuevo a la caverna platónica *(progressus)* para tratar de convencer a los que siguen presos de las apariencias y sacarlos de su error, corriendo el peligro, como dice el mismo Platón, de que te intenten matar, aunque sea como hoy, solo por linchamiento mediatico o por censura de silencio, equivalente a una muerte civil.

Pues, para Platón, saber es recordar lo que ya sabíamos cuando vivíamos en el mundo de las Ideas, en el que contemplamos la verdad y del que hemos caído a este mundo de las apariencias. Por ello podemos acudir a situaciones pasadas, lejos de nuestra perspectiva más inmediata, vistas como problemas ya resueltos y que, aunque lejanas en el tiempo, recordándonos en ciertas semejanzas la situación actual de la que pretendemos salir, nos ayuden a encontrar una solución a nuestros problemas.

La democracia actual ya dura 40 años, un número que es similar a lo que duraron otros regímenes políticos estables, como la Restauración decimonónica o el propio Régimen de Franco. Las Iª y IIª Republicas fueron periodos inestables y de muy corta duración. Por ello, la crisis política actual que atravesamos se debe entender como una crisis de un Régimen de larga duración. Nada nuevo bajo el sol español. Lo que puede ser interesante de este diagnóstico es entonces tratar de dibujar cuál podría ser la salida de la actual situación política de crisis de Estado. En tal sentido podría compararse con el final de la Restauración decimonónica que llevó a la dictadura de Primo de Rivera. Pero, aunque hay mucho elementos semejantes, como la corrupción, el separatismo, hay otros que no coinciden, como las luchas obreras o el terrorismo anarquista. Y ello es porque aquella era una España todavía agraria mientras que hoy vivimos en una España industrial, que alcanzó a instaurar una sociedad del bienestar ya desde el final del franquismo.

Por ello, puede ser más adecuado comparar la posible salida de lo que algunos denominan una democracia "fallida" con la famosa Transición del franquismo a la Democracia. Pues el franquismo, aunque cosechó grandes éxitos económicos y de bienestar social, nunca antes alcanzados, fue un Régimen políticamente fallido, ya que con la muerte de Franco se abrió una crisis sucesoria que dividió a la propia clase gobernante franquista en continuistas (los del "bunker") y los reformistas. Además el propio entorno internacional, dominado por USA, presionaba hacia su no continuidad. Se abrió así la llamada Transición, que fue posible porque el propio Franco había designado a Juan Carlos como sucesor suyo a título de Rey y éste impulso el cambio desde arriba apoyándose en reformistas franquistas como Torcuato Fernández Miranda y Adolfo

Suarez. Ello muestra que el franquismo no era estrictamente monolítico, sino que en él compartían el poder, además de falangistas de diverso tipo, democristianos, carlistas, etc. Frente al peligro de una vuelta al Frente Popular de la Republica que auspiciaban los partidarios de la "ruptura" (PSOE, PCE y otros) triunfó en referéndum la transición de la "Ley a la Ley" propuesta por el reformismo franquista.

El actual periodo democrático, aunque ha tenido éxitos de diverso tipo como la creación de un periodo largo de estabilidad política por el bipartidismo dominante y la expansión de los grandes bancos y empresas en Hispanoamérica donde llegamos a ser los grandes inversores junto con USA, sin embargo parece que está llegando a convertirse en lo que se denomina una democracia "fallida", ante la impotencia del poder central en frenar la balcanización de España. Por ello está apareciendo una división entre los llamados partidos constitucionalistas que se oponen a los separatistas, que provocan sus rebeliones sediciosas proclamando la República catalana, y a sus aliados como Podemos o incluso el mismo PSOE, que permite el incumplimiento de la Constitución.

Tales partidos constitucionalistas pretenden defender la monarquía constitucional que tiene su origen en la Transición frente al peligro de un nuevo frente-populismo republicano, aunque difieren en la forma de hacerlo. PP y Cs pretenden defender la Constitución sin tocar apenas aspectos claves que han provocado la crisis, como las cesiones de soberanía a algunas autonomías o a la propia UE en la cuestión de la inmigración, mientras que Vox cree que la mejor defensa de la Constitución que garantiza la unidad de España está en revertir, dentro de la Constitución, esa soberanía al Estado central español, el cual, además, requiere de un reforzamiento ideológico de su identidad nacional, fruto de su larga e impresionante historia que habría que librar de negrolegendarismo. Por ello Vox podría acusar a PP y Cs de encerrarse en el "bunker" de una democracia fallida para conservar unos privilegios adquiridos por una partitocracia anterior que pone en peligro la existencia de España. Deberían, por el contrario, llegar a un acuerdo para una Reforma profunda de la política actual, haciendo el harakiri de la partitocracia y sus excesos, como se la hicieron las Cortes franquistas. Para ello se necesita un nuevo Torcuato y que el Rey como Jefe del Estado, junto al pueblo soberano que sacó las banderas, lo apoyen mayoritariamente y derroten en las urnas al nuevo Frente Popular de Pedro Sanchez y sus aliados, que están provocando ya el desgobierno, la quiebra de la democracia constitucional y la posible ruptura de España.